In elf Erzählungen schreibt Asja Bakić über verschiedene mehr oder weniger dystopische Welten. So begegnet uns eine Künstliche Intelligenz, die auf sexuelle Befriedigung von Frauen spezialisiert ist und darüber hinwegtrösten soll, dass es keine Männer mehr gibt. Auf einer Jugendfreizeit wird Menstruation zum Splatter-Element einer Horrorgeschichte. Genderfluidität, Klimawandel, Zeitreisen, Unterwelten, Außerirdische – der Einfallsreichtum der Autorin ist grenzenlos wie ihre Liebe zu sämtlichen Spielarten des Absurden.

Wie bereits im Band »Mars« setzt Asja Bakić in ihren Erzählungen Frauen in den Mittelpunkt, die um ihr Leben kämpfen, die eigene Bedeutung in der Welt suchen oder schonungslos ihre Begierden ausleben. Aus einer stets feministischen und gesellschaftskritischen Perspektive vermischt Asja Bakić in ihren Texten Genres wie Weird Fiction, Speculative Fiction, Horror oder Erotik und nimmt die Leser*innen in die Vergangenheit, die Zukunft oder in eine Parallelwelt mit.

Asja Bakić, geboren 1982, ist eine bosnisch-kroatische Autorin und Kulturkritikerin. Sie hat bisher einen Gedichtband mit dem Titel »Može i kaktus, samo neka bode« (»Es kann ein Kaktus sein, solange er sticht« [2009]) sowie zwei Kurzgeschichtensammlungen, »Mars« (Orig. 2015 / Verbrecher Verlag 2021) und »Sladostrašće« (Orig. 2020, Verbrecher Verlag 2025), veröffentlicht. Beide Bände sind in den USA bei Feminist Press erschienen und haben große Aufmerksamkeit erhalten. Ihr viertes Buch »Komm, ich sitze auf deinem Gesicht« (2020) ist eine Essay-Sammlung über Popkultur. Bakić wurde als eine der New Voices from Europe 2017 von Literary Europe Live ausgewählt. Sie lebt in Zagreb.

ASJA BAKIĆ

LECKER MÄULCHEN

ERZÄHLUNGEN

Aus dem Kroatischen
von Alida Bremer

VERBRECHER VERLAG

Die Arbeit der Übersetzerin am vorliegenden Text wurde vom Deutschen Übersetzerfonds gefördert.

traduki Die Herausgabe dieses Werks wurde gefördert durch TRADUKI, ein literarisches Netzwerk, dem das Bundesministerium für europäische und internationale Angelegenheiten der Republik Österreich, das Auswärtige Amt der Bundesrepublik Deutschland, die Schweizer Kulturstiftung Pro Helvetia, die Interessengemeinschaft Übersetzerinnen Übersetzer (Literaturhaus Wien) im Auftrag des Bundesministeriums für Kunst, Kultur, öffentlichen Dienst und Sport der Republik Österreich, das Goethe-Institut, die S. Fischer Stiftung, die Slowenische Buchagentur, das Ministerium für Kultur und Medien der Republik Kroatien, das Ministerium für Gesellschaft und Kultur von Liechtenstein, die Kulturstiftung Liechtenstein, das Ministerium für Kultur der Republik Albanien, das Ministerium für Kultur und Information der Republik Serbien, das Ministerium für Kultur Rumäniens, das Ministerium für Bildung, Wissenschaft, Kultur und Sport von Montenegro, die Leipziger Buchmesse, das Ministerium für Kultur der Republik Nordmazedonien und das Ministerium für Kultur der Republik Bulgarien angehören.

Originaltitel: Sladostrašće
Erschienen bei Sandorf, Zagreb, 2020
© Asja Bakić

Deutsche Erstausgabe

Erste Auflage

Verbrecher Verlag
Gneisenaustr. 2a, 10961 Berlin
info@verbrecherei.de
www.verbrecherei.de

© Verbrecher Verlag GmbH 2025

Coverillustration: RIP_Courtney Love, 2010,
Tatjana Doll, © VG Bild-Kunst, Bonn 2024
Gestaltung und Satz: Christian Walter
Druck: CPI Clausen & Bosse, Leck

ISBN 978-3-95732-609-6

Printed in Germany

Der Verlag dankt Antonia Frenz, Zita Perko und Annalisa Strien.

Inhalt

Der Männergraben — 7

1998 — 25

Blindheit — 41

Das Zentrum für Leidenschaft — 53

Mama — 71

Die Entführung — 77

Δάφνη — 95

Dorica Kastra — 113

1740 — 129

Vogelbeobachtung — 155

Die Leiden der jungen Lotte — 163

Der Männergraben

I.

Das Telefon klingelte hartnäckig. Der Anruf erreichte mich in einer Lebensphase, die ich fortwährend im Liegen verbrachte. Seit einer Woche verließ ich nicht das Haus, lag stets in gleichen Kleidern, im Bett wie außerhalb, zumeist mit einer Decke über dem Kopf im Halbdunkel und dachte an nichts. Ich wartete darauf, dass das Leben vorüberging.

Mein Mann versuchte, mich mit wenig überzeugenden Einladungen zu animieren, zu Konzerten oder ins Kino zu gehen. Doch mir war nicht nach Geselligkeit. In sieben Tagen putzte ich mir nur wenige Male die Zähne, das Gesicht wusch ich gar nicht. Dann und wann tat ich so, als läse ich etwas, doch ich blickte nur durch die Buchstaben hindurch, durch das Papier, selbst durch meinen Mann, der mir den Rücken zuwandte, wenn er am Tisch saß.

Als das Telefon klingelte, waren wir überrascht, da es Sonntag spät am Abend war. Normalerweise rief uns um diese Zeit niemand an. Mit Mühe erhob ich mich aus dem Bett.

»Guten Abend«, hörte ich eine weibliche Stimme. »Verzeihen Sie, dass ich so spät anrufe, aber ich würde Ihnen gerne ein Grundstück abkaufen. Die Parzelle Männergraben. Es ist ein recht steiler Hang mit einem Brunnen darauf und einigen Akazien. Ich würde es sofort und cash bezahlen.«

Die Frau hatte sich weder vorgestellt, noch nachgefragt, ob sie richtig verbunden war.

»Männergraben? Wo soll das sein?«, fragte ich.

»Ich bin sicher, dass Sie es wissen«, sagte sie.

»Ich glaube, Sie haben sich verwählt.«

»Nein, das habe ich nicht«, antwortete sie. »Ich werde Sie in einer Woche noch einmal anrufen, zur selben Zeit. Auf Wiederhören.«

Mir wurde schwindelig. Mein Mann sah mich fragend an, er hatte nichts verstanden.

»Männergraben?«, sagte er. »Wir sollten das prüfen.«

Natürlich stellte sich heraus, wie ich es vermutet hatte, dass weder mein Mann noch ich ein Grundstück dieses Namens besaßen. Wir erkundigten uns eingehender. Nichts. Es verging ein Monat und mehr, das Telefon klingelte nicht. Ich hatte den anonymen Anruf schon beinahe vergessen, als man uns plötzlich aus dem Katasteramt anrief, um uns darüber zu informieren, dass ein Fehler passiert sei und dass ein Verwandter meines Mannes ihm die Parzelle Männergraben in Bilogora vererbt habe.

»Welcher Verwandte?«, fragte er.

Man nannte ihm einen Namen, den er noch nie gehört hatte.

»Godek? Niemand in meiner Familie trägt diesen Nachnamen.«

Papieren zufolge gehörte ihm das Grundstück, obwohl es nie ein Nachlassverfahren gegeben hatte. Zusammen mit den Dokumenten, die er nachträglich unterschreiben musste, wurde ihm ein kleines Foto ausgehändigt, das auf Karton aufgeklebt war. Auf der Rückseite hatte jemand mit winzigen Buchstaben notiert: Blick auf das Haus von I. Godek, Bilogora. Er bekam auch ein kleines Notizbuch mit abgenutztem, grünem Einband, das seinem angeblichen Verwandten, dem Forstingenieur Ivo Godek, gehört haben soll.

Zwei Tage später rief die unbekannte Frau wieder an.

»Sind Sie bereit, den Männergraben zu verkaufen?«

Das Haus, das auf dem Foto zu sehen war, erwähnte sie nicht. Es schien, als wüsste sie nichts davon.

»Wir müssen uns das noch überlegen«, sagte ich. »Wir haben das Grundstück noch nicht einmal gesehen.«

Ich fand es merkwürdig, dass sie vor uns von dem Männergraben wusste, wollte jedoch mir nichts davon anmerken lassen. Ich überlegte, dass sie vielleicht im Katasteramt oder am Gericht arbeitete und Einblick in die Grundbücher oder andere Dokumente hatte.

»Wenn Sie es besichtigen wollen«, sagte die Frau, »gehen Sie Ende Oktober hin. Da fällt das Licht am schönsten.«

»Fällt worauf?«, fragte ich.

Die Frau hatte jedoch den Hörer bereits aufgelegt.

»Mit diesem Stück Land stimmt was nicht«, beklagte ich mich bei meinem Mann.

Er stimmte mir zu. Es sah so aus, als bereite uns dieses Grundstück nur Probleme. Dennoch interessierte es mich, wie der Männergraben aussah und wie das Foto zwischen die Dokumente geraten war.

Auf dem Foto konnte man ein Bauernhaus sehen, es lag versteckt hinter einem Holzzaun und einer zur Hälfte abgetragenen Scheune. Über Bilogora haben sich im Hintergrund schwarze Wolken zusammengezogen. Woher das Licht stammte, konnte man nicht erkennen. Die Straße war mit Schlamm bedeckt. Die Bäume trugen keine Blätter. Ich betrachtete dieses Bild lange. Es war zwar klar, dass es im Herbst aufgenommen worden sein musste, aber ich konnte nicht mit Bestimmtheit sagen, ob es Oktober war. Ich wollte das besagte auf den Männergraben fallende Licht auf dem Foto des Bauernhauses ausmachen.

Da der Anruf offensichtlich nicht zufällig erfolgt war, konnten auch die Orte nicht in zufälliger Verbindung zu uns stehen. Ich recherchierte den Familiennamen Godek, er stammte aus Polen und bedeutete Versöhnung wie auch Ruhm. Das Desinteresse meines Mannes überraschte mich. Es war, als würde ihn dieses Grundstück überhaupt nichts angehen. Als ich ihm sagte, dass ich mir die Parzelle gerne anschauen würde, bevor wir sie verkauften, wollte er mich nicht begleiten.

»Bald ist Oktober«, sagte ich beleidigt. »Interessiert dich etwa der Männergraben überhaupt nicht?«

»Er wird mich interessieren, wenn wir das Geld haben.«

An das Geld dachte ich gar nicht. Tagelang konnte ich nicht einschlafen. Ich fragte mich, wie dieses Stück Land in der Realität aussah: Wie sehen die Bäume aus? Wie sieht der Brunnen aus? Den ganzen September über lag ich im Bett, kurz vor Ohnmacht.

Ende Oktober setzte ich mich endlich ins Auto und fuhr los. In der Nähe des Männergrabens gab es einige Häuser, die größtenteils verlassen aussahen, aber es gelang mir, eine Person zu finden, die mir die gesuchte Parzelle zeigen konnte.

»Da sind wir«, sagte der Bauer. »Ihr Stück fängt an diesem Zaun hier an und reicht bis auf die andere Seite, bis dorthin, wo das Feld abgemäht ist. Der verwilderte Teil – das ist der Männergraben.«

Das Grundstück war nicht klein, obwohl es so wirkte, da es eingezwängt aussah. Das Land rund herum war kultiviert, nur der Männergraben lag verwahrlost da.

»Wenn Sie etwas brauchen, rufen Sie mich an«, sagte der Mann.

Bevor er sich entfernen konnte, fragte ich ihn: »Und Godeks Haus?«

»Welches Haus?«, fragte der Bauer verwundert.

Ich zeigte ihm das Bild.

»Hier hat es nie irgendwelche Godeks oder irgendwelche Häuser gegeben«, antwortete er.

Als der Bauer fortgegangen war, betrat ich das Grundstück, gebeugt, als würde ich an meinem Schreibtisch sitzen und nicht in der Natur sein. Mein Rücken schmerzte, und ich wünschte mir, so schnell wie möglich zurück in meinem Bett zu sein. Der Schmerz wurde immer stärker, je tiefer ich zwischen die Akazien und die Sträucher geriet, unerträglicher.

In der Mitte des Männergrabens befand sich eine kleine Lichtung. Bis ich sie erreicht hatte, waren meine Arme zerkratzt. Ich schaute mich um und suchte nach einem Platz, an dem ich mich erholen konnte. Der Brunnen war nirgendwo zu sehen. Ich wollte meinen Mann anrufen, aber ich hatte kein Netz. Schließlich zog ich die Jacke aus, warf sie auf die Erde, setzte mich darauf und lehnte den Rücken an eine Akazie.

Fast hätte ich vergessen, das Notizbuch des Ingenieurs Godek mitzunehmen. Mein Mann hatte es zusammen mit den anderen Papieren in meiner Schreibtischschublade verstaut. Vor meiner Abfahrt hatte ich es mir gar nicht genau angeschaut.

Der Schmerz in meiner Halswirbelsäule wurde so stark, als läge ein Teil des Grundstücks auf meinen Rücken. Aus der Innentasche meiner Jacke zog ich ungeduldig das Notizbuch hervor. Die erste Hälfte war leer. Im zweiten Teil erklärte Godek in winzigen, schlecht lesbaren Buchstaben zu zwei verschiedenen Zeiten irgendein altes Gesetz. Auf diese Einträge folgte sein »Kassenbuch«. Die Einnahmen auf der einen, die Ausgaben auf der anderen Seite. Ich versuchte diese Notizen zu entziffern. Die Begriffe: Sektionschef, Finanzministerium, Arbeiten, Kosten für die Austragung, Grundstücksmessungen erfasste ich gleich, aber dann geriet ich an einen Satzteil, der mich vollkommen verwirrte: *Das kann man nach Artikel 86 des Seelengesetzes (...)*. Ich dachte, dass Ingenieur Godek hier bestimmt einen Fehler gemacht hatte, wahrscheinlich sollte es hier Forstgesetz heißen. Doch da stand wirklich Seelengesetz. Je länger ich dieses Wort betrachtete, desto klarer wurde mir, dass es sich um keinen Fehler handeln konnte. Godek hatte das richtige Wort verwendet.

Im Kassenbuch waren verschiedene Ausgaben und Schuldner notiert, aber ich hatte keine Zeit, mich näher damit zu beschäftigen. Es war eine Liste von Summen, die mir nicht viel sagte. Mit Mühe erhob ich mich. Vor meiner Rückkehr wollte ich noch eine Runde über das Grundstück laufen und versuchen, den Brunnen zu finden. Sobald ich mich von der Akazie entfernt hatte und wieder zwischen den Sträuchern war, spürte ich ein lautes Summen in den Ohren. Das Summen hörte nicht auf, auch nicht, als ich im Auto saß. Ich nahm es mit nach Zagreb.

Mein Mann saß am Küchentisch und rieb sich nervös die Augen. Als er mich anschaute, war eines seiner Augen blutunterlaufen.

»Quält dich schon wieder die Allergie?«, fragte ich.

Die Tropfen, die er benutzte, halfen nicht. Schließlich streckten wir uns beide auf dem Bett aus. Ich wusste nicht, wie ich das Gespräch über den Männergraben beginnen sollte. Mein Mann hat keine einzige Frage danach gestellt. Ich sah ihn von der Seite an. Sein Gesicht war verformt. Er wirkte wie ein Fremder, der sich zufällig in mein Bett verlaufen hat. Er lag ruhig da, mit geschlossenen Augen und atmete tief ein und aus. In der letzten Zeit lag ich oft abwesend neben ihm, vertieft in meine Gedanken. Wir waren eigentlich beide gleich zurückhaltend, aber meine schlechte Laune hat sich personifiziert und drängte sich zwischen uns. Ich versuchte mir einzureden, dass ich schon immer so gewesen sei, aber das war eine Lüge. Ich konnte mich nur nicht daran erinnern, wann genau die Traurigkeit mich befiel.

»Sag mal, dieses Grundstück, das wir verkaufen wollen, also ich bin nicht sicher, warum die Frau es kaufen will. Die Parzelle ist völlig verwildert. Es sieht nach nichts aus.«

Mein Mann schwieg, gelegentlich berührte er mit der Hand sein gereiztes Auge.

»Den Brunnen habe ich nicht gefunden. Mein Rücken fing an so weh zu tun, dass ich zurückkehren musste. Vielleicht könntest du einmal mit mir dorthin fahren, damit wir gemeinsam herausfinden können, worum es sich dabei eigentlich handelt.«

»Ich habe keine Lust, in dieses Dorf zu fahren, und ich habe keine Ahnung, woher ich dieses Grundstück überhaupt habe«, sagte mein Mann.

»Vielleicht wäre es am besten, dass ... Ich würde gerne ...«

Bevor es mir gelang, den Gedanken zu Ende zu führen, klingelte das Telefon. Der Klang war diesmal durchdringender, als wäre er in der Zwischenzeit lauter worden.

»Hallo«, hörte ich die bekannte Frauenstimme. »Waren Sie dort, um sich das Grundstück anzuschauen?«

»Ja, ich war dort. Es gibt gar nichts da, nicht einmal den Brunnen, von dem Sie gesprochen haben.«

»Der Brunnen ist bestimmt dort. Wann können wir uns treffen?«

»Ich muss noch mit dem Landvermesser hin«, log ich.

Ich wollte das Grundstück nicht verkaufen. Ich weiß nicht warum, aber ich konnte mich nicht von ihm trennen.

»Warum wollen Sie den Männergraben überhaupt kaufen?«, fragte ich.

»Aus sentimentalen Gründen«, erwiderte die Frau knapp. Weiter führte sie es nicht aus.

»Können Sie mir bitte Ihren Namen und Ihre Telefonnummer geben, damit ich mich bei Ihnen melden kann?«, fragte ich.

»Ich rufe Sie an«, sagte die Frau und legte auf.

Natürlich träumte ich vom Männergraben. Im Traum fand ich den Brunnen ohne Schwierigkeiten. Er war mit einer Blechplatte abgedeckt, und jemand hatte Steine daraufgelegt, damit die Platte nicht herunterfiel. Der Traum wiederholte sich, und jedes Mal erwachte ich mit einem leichten Tinnitus. Meine Augen öffneten sich immer an derselben Stelle des Traums – nachdem ich meine Hand ausgestreckt hatte, um einen der schweren Steine herunterzunehmen.

Zuvor hatte mein Mann sich beschwert, dass er in der Nacht aufgrund seines Herzschlages nicht schlafen konnte. Das Rauschen seines Blutstroms verfolgte ihn. Er war sich jeden Moment bewusst, am Leben zu sein. Und das machte ihn verrückt. Dann begann das Summen in den Ohren. Er blieb nachts wach, obwohl man sehen konnte, dass er bis zur Erschöpfung übermüdet war. Er ging zum Arzt, um sich gründlich untersuchen zu lassen. Er ließ sein Rückgrat röntgen, seine Carotiden durch einen Dopplerultraschall untersuchen, er ließ seinen ganzen Körper im MRT checken, doch jeder Befund zeigte, dass das alles in Ordnung war. Das Ohrensummen kam von nirgendwoher. Zu diesem Zeitpunkt steckte er auch mich mit dem Tinnitus an.

»Andere Menschen sind seelenruhig, weil sie nicht ständig daran denken müssen, dass sie leben, aber ich, ich bin immer nervös, da sich bei mir die Vitalzeichen in den Vordergrund drängen.«

Damals habe ich nicht verstanden, was er meint. Aber je stärker mein Tinnitus wurde, umso mehr begriff ich sein Problem: Mein Kopf war eine Muschel, in der ein reißender Fluss laut toste. Ich beklagte mich nicht. Ein Auge meines Mannes war blutunterlaufen, ich wollte ihn daher nicht mit meinem Kram belästigen. Wir steckten beide in unserer je eigenen Beklommenheit ohne uns austauschen zu können.

Als das Telefon das nächste Mal klingelte, nahm ich nicht ab.

»Ich will das Grundstück nicht verkaufen«, sagte ich zu meinem Mann.

»Warum?«, fragte er.

»Ich kann es nicht erklären, aber bitte hör auf mich.«

»In Ordnung«, sagte er.

Während ich ihn umarmte, verstand ich, dass der Männergraben für mich ebenfalls einen sentimentalen Wert entwickelt hatte und dass ich mich nicht von ihm trennen konnte.

2.

Das Telefon klingelte hartnäckig, jeden Tag zur selben Zeit. Ich hatte aufgehört, mich zu melden, aber ich hatte nicht die Kraft, es ganz abzustellen. Ich wusste, dass mich das Klingeln verfolgen würde, auch wenn ich das Kabel aus der Wand reißen würde. Vor dem Anfang des Winters sagte ich zu meinem Mann, der sich weiterhin weigerte, mit mir an den Männergraben zu fahren, dass es für mich an der Zeit sei, diesen erneut zu besuchen und den Brunnen zu finden.

Ich schlug mich durch die Akazien und die Sträucher. Jetzt war es spürbar kälter, und meine Zähne klapperten. Ich hatte nicht damit gerechnet, dass die Temperatur auf dem Grundstück sinken würde, je tiefer ich in sein Inneres vordrang. Obwohl man nirgends Wasser sehen konnte, spürte ich in meinem Gesicht, dass sich ein Fluss in der Nähe befand, der die Luft kühlte. Schließlich musste ich stehenbleiben, um tief einzuatmen. Der Tinnitus brachte mich fast um. Es war, als pfiffe mir jemand direkt ins Ohr. Ich war desorientiert. In meinem Kopf dröhnte es.

Einige Male schaute ich mich um und blieb, verloren wie ich war, stehen. Es wurde immer kälter. Ich trug warme Stiefel, aber sie halfen überhaupt nicht. Die Kälte drang durch die Erde, jeder meiner Schritte war so schwer, als würde ich durch tiefen Schnee waten, obwohl noch keine einzige Schneeflocke gefallen war. Und dann erblickte ich etwas, was kein Brunnen war, sondern nur ein Loch.

Mein Mann erzählte häufig von einem Traum, in dem er auf einer verschlissenen, auf den Boden geworfenen Matratze schlief. Wenn er aufwachte, begriff er, dass eine Schlange in die Matratze eingedrungen war und dort ihre Eier abgelegt haben musste. Ich sagte ihm, dass wir alle unsere Albträume hätten, aber er versuchte, mich davon zu überzeugen, dass es sich nicht um einen gewöhnlichen Albtraum handelte, sondern dass dieser Traum alle Eigenschaften einer Erinnerung hatte. Wir diskutierten ständig darüber, nie kamen wir zu einem gemeinsamen Ergebnis: Er war überzeugt davon, dass er sich erinnerte, und ich versuchte ihn zu überzeugen, dass er nur schlecht geträumt hatte.

»Wann hättest du überhaupt die Gelegenheit gehabt, auf einer alten Matratze voller Schlangen zu schlafen?«, fragte ich ihn.

»Ich weiß es nicht.«

Ich blicke in das Loch, eigentlich in den aufgerissenen Boden. In der Dunkelheit konnte man eine steile Treppe erkennen. Ich hatte keine Angst und stellte die Taschenlampe am Handy an und stieg langsam nach unten. Feuchtigkeit lag in der Luft, es war kalt, aber meine Neugier zog mich immer tiefer hinab. Ich ging eine Zeit lang und achtete darauf, nicht zu stolpern und in den Abgrund zu stürzen. Bald konnte ich deutlich ein Wasserrauschen hören. Ich verließ mich auf das Licht meines Handys und ging weiter hinab. Es waren etwa zwanzig Minuten vergangen, seitdem ich das Loch betreten hatte. Schritt für Schritt – und so erreichte ich den Grund. In der Nähe flackerte ein Licht, und ich ging in dessen Richtung. Je näher ich dem Licht kam, desto deutlicher wurde es, dass dort ein Haus stand. Es war Godeks Haus vom Foto. Das Haus stand zwar vollständig im Dunkeln, aber es bestand kein Zweifel daran, dass es sich um genau dieses handelte. Obwohl die Handy-Taschenlampe ausgegangen war, konnte ich noch genug sehen. Die Scheune stand an derselben Stelle, der Zaun sah genauso aus. Allerdings fehlte das Gebirge Bilogora im Hintergrund. Stattdessen breitete sich da ein großer Fluss in der Dunkelheit hinter dem Haus aus.

Jetzt konnte ich die triste Landschaft um mich herum perfekt erkennen, aber ich wollte keinen Halt machen, bevor ich das Licht und das Haus erreicht hatte. Ich klopfte fest an die Tür. Einmal, zweimal, und dann hörte ich die bekannte Frauenstimme.

»Komm rein«, sagte die Frau.

Sie hat mich erwartet. Sie war nicht im Geringsten überrascht, als ich das Haus betrat. Sie saß bequem in einem alten, zerschlissenen Sessel. In einer der Zimmerecken bemerkte ich eine Matratze, eine solche, wie mein Mann sie mir beschrieben hatte: auf dem Boden liegend, voller Flecken und zerrissen, an die Seite geschoben.

»Ich habe dich angerufen«, sagte sie, »aber du bist nicht drangegangen.«

»Das Telefon ist kaputt«, log ich, »die Klingel funktioniert nicht.«

Die Frau lachte.

»Der Winter ist im Anmarsch«, sagte sie, »es ist an der Zeit, dich von deinem Mann zu verabschieden und ihm zu erlauben heimzukehren. So war es vereinbart.«

»Ich erinnere mich an keine Vereinbarung.«

»Setz dich«, sagte sie.

Sie wies mit der Hand auf einen Schemel, der neben ihren Beinen stand. Ich gehorchte, aber mit dem Fuß schob ich den Schemel leicht in Richtung Tür. Ich wollte ihr nicht so nahe sein.

Als ich Platz genommen hatte, sah ich, dass auf dem Tischchen zu ihrer Linken eine Schüssel voller Granatäpfel und Feigen stand. Ein aufgeplatzter Granatapfel lag auf ihrem Schoß. Seine Körner waren überall auf dem Boden verstreut. Es war nicht kalt, da zu ihrer Rechten ein Feuerchen glomm, aber ich zitterte noch immer.

»Wir haben vereinbart – neun Monate bei dir, drei Monate bei mir.«

»Ich kann mich nicht an eine solche Vereinbarung erinnern«, wiederholte ich.

»Sei nicht stur«, sagte die Frau vorwurfsvoll, »jedes Jahr benimmst du dich auf gleiche Weise. Du darfst ihn nicht noch länger aufhalten, es wartet viel Arbeit auf ihn.«

Ich schwieg, was die Frau sichtlich aufbrachte.

»Sind seine Augen schon blutunterlaufen? Je länger er bei dir oben bleibt, desto schlechter wird es ihm gehen.«

»Nur ein Auge«, sagte ich siegesgewiss.

»Nimm ein wenig vom Granatapfel«, sagte sie.

Ich zögerte, doch ich war so hungrig, dass ich irgendetwas zu mir nehmen musste. Sobald ich auf den ersten Granatapfelkern biss, erinnerte ich mich daran, warum ich hier war, warum ich jedes Jahr ritualhaft die Treppe in die Dunkelheit hinabstieg und mit dieser Frau sprach.

»Nein!«, rief ich, aber es war zu spät.

Mein Mann musste zurück in das Loch, auf die dreckige Matratze. Jedes Jahr befand sich der Eingang in die Unterwelt an einer anderen Stelle. Nun war der Männergraben an der Reihe. Ich weinte bitterlich, da die verzerrten Klänge der Phorminx und der Kithara, die ich nun klar vernehmen konnte, das Liebeslied, das ich für meinen Mann komponiert hatte, sich langsam in die Trauerhymne seiner Mutter im Jenseits verwandelte. Die Frau sah mich scharf an. Ihre drei Monate bedeuteten für mich an der Erdoberfläche eine Ewigkeit.

Godek war natürlich nur ein Pseudonym, mein Mann war weder jemals Ingenieur gewesen, noch hatte er sich mit Forstwirtschaft beschäftigt. All jene Seelen, die er in seinem Notizbuch nannte und die er ausradiert hatte, warteten neun Monate lang in den Hallen unweit des Hauses darauf, dass mein Mann zurückkehren und mit ihnen die Rechnungen begleichen würde. Diese drei Monate lag er auf der Matratze neben dem Feuer, unter Mamas Füßen. Nach qualvollen Träumen stand er auf, verließ das Haus, schrieb die Verstorbenen auf und löschte sie wieder. Wenn der Frühling kam, holte ich ihn ab, erschöpft von der saisonal aufkommenden Depression, die mich befiel, solange er nicht bei mir war. Ab und an wurde ich vorher schon melancholisch, während ich noch eingelullt in das süße Vergessen nur eine Vorahnung von unserer Trennung und von seiner Rückkehr in die Unterwelt hatte, wo seine Mutter auf ihn wartete.

»Nimm!«, sagte die Frau und schob mir den Granatapfel in die Hände. »Wenn du nach Hause kommst, gib ihm davon zu essen.«

»In Ordnung«, antwortete ich, aber ich wollte nicht, dass sich mein Mann erinnerte.

Meine Zunge war schwer geworden, ich konnte kein Wort mehr herausbringen. Ich starrte auf den Boden vor mir. Der Tinnitus hatte aufgehört, aber jetzt wurden meine Ohren von anderen Geräuschen verfolgt: das Wehklagen der Menschen in den Hallen und das Rauschen des Flusses, der sie alle – einen nach dem anderen – verschlingen würde.

Ich drehte den Granatapfel in den Händen und zögerte die Rückkehr an die Oberfläche hinaus.

»Geh«, sagte die Frau, »du hast nicht mehr viel Zeit.«

Vor dem Haus blickte ich mich noch einmal um, die Liebe der Mutter zu ihrem Sohn war eine karge Landschaft in feindlicher und quälerischer Gesinnung. Ich verachtete diesen Ort, ich verachtete die Mutterschaft, weil sie mehr als alles andere den Tod verkörpert. Jedes Jahr starb mein Mann für drei Monate, damit sich seine Mutter lebendig fühlen konnte. Ich spuckte die nicht zerkauten Granatapfelkerne aus und verließ Hals über Kopf den Hades.

An der Luft fühlte ich mich sofort besser, meine Augen gewöhnten sich schnell an das Sonnenlicht, aber mein Herz schlug heftig. Ich war nicht bereit, mich von meinem Mann zu trennen. Ich stand neben jenem klaffenden Loch in der Erde, die ihn geboren hatte, und fühlte mich hilflos.

Zum ersten Mal hatte ich meinen Mann in der Nähe des Flussdeiches gesehen. Gegenüber dem Gebäude der Kroatischen Rundfunk- und Fernsehanstalt lag eine Reihe kleinerer Grundstücke, durch die sich schmale Pfade zogen, auf denen ich nachts im Mondschein spazieren ging, während alle anderen schliefen. Ich liebte die Sonne, natürlich, aber genauso konnte ich die Natur manchmal nur in der Dunkelheit ehrlich lieben.

In jener Nacht war ich unterwegs, um etwas Luft zu schnappen. Plötzlich hörte ich, dass in einem der Gärten Zweige knackten. Neugierig beugte ich mich vor, um zu ergründen, was dort vor sich ging, und erblickte einen Mann, der vorsichtig aus einem Loch in der Erde hinausspähte. Er war schön. Das kam mir damals am wichtigsten vor.

Der Frühling, auch ansonsten meine Jahreszeit in jeder Hinsicht, weckte in mir eine starke Leidenschaft. Ich war nie übertrieben keusch, aber in diesem Augenblick blühten in meinen Gedanken allerlei perverse Bilder auf. Bisweilen verwandelte ich mich in eine Meise, damit ich die Liebenden durch die Fenster beobachten konnte, oder ich kletterte wie ein Kleiber den Baum hinauf, um in die Krone zu gelangen und ungestört die Intimitäten in den Hochhäusern und Wolkenkratzern beobachten zu können. An jenem Abend, an dem ich meinen Mann zum ersten Mal sah, wollte ich zu dem Gebäude im Stadtteil Cvjetno gehen, in dem ein junges Paar lebte, das ausschließlich Analverkehr betrieb. Die Kinder folgten einer eingespielten Routine: Sie verwendeten Mandelöl als Gleitmittel, und diese Wahl erregte mich stark. Sie wiederholten es ohne jede Abweichung: immer die gleiche Pose, sie gaben immer die gleichen Töne von sich und kamen immer auf die gleiche Art. Ich hatte mich in sie verliebt. Vielleicht hatte sich etwas von dieser Verliebtheit auf das Loch in der Erde übertragen und mir einen Partner beschert, mit dem ich ebenfalls gezwungen sein würde, eine Routine zu leben, in der sich ständig eine Abfolge wiederholte: Ich verliebe mich in ihn, und anschließend habe ich unter seiner Mutter zu leiden. Unsere Beziehung war schwierig, bisweilen schmerzhaft, und ich konnte nicht umhin darüber nachzudenken, dass sie genau an dem Abend begann, als ich mir wünschte, den Analsex des jungen Zagreber Paars zu beobachten.

Nachdem ich ihn aus der Erde herausgezogen hatte, nahm ich meinen Mann mit nach Hause, damit wir uns über dieses unselige Loch unterhalten konnten und darüber, was ihn nach oben getrieben hatte.

»Ich wollte sehen, wie das Leben an der Oberfläche ist«, sagte der junge Mann, »und vor meiner Mutter fliehen.«

Ich hätte ihn zurückbringen sollen, dorthin, von wo er gekommen war, sobald er seine Mutter erwähnte. Aber ich war viel zu erregt, um das zu tun. Ich wünschte ihn mir so stürmisch, und ich war nicht in der Lage, meinen Hunger zu bremsen. In jener Nacht verführte ich ihn zum Analsex. Wir verliebten uns und beschlossen zusammen zu bleiben.

Die Beziehung zu seiner Mutter war nicht mehr dieselbe. Sie betrog uns, indem sie uns beide mit Granatäpfeln fütterte. Deshalb wurde ihr einziger Sohn drei Monate lang dazu verdammt, die Rolle eines unterirdischen Gottes zu spielen, obwohl er für diesen Arbeitsplatz völlig ungeeignet war. Er warf die Seelen der Verstorbenen flussabwärts oder er trieb sie flussaufwärts, aber all das unabhängig von ihren Taten, sondern ausschließlich nach Belieben und Gutdünken seiner Mutter. Er war unfrei. Das Loch verließ er nur, um immer wieder lustlos zurückzukehren.

»Wenn das Mutterschaft sein soll«, sagte ich zu ihm, »dann will ich nicht Mutter werden.«

Als ich wieder in Zagreb war, erzählte ich meinem Mann alles, was mir im Männergraben widerfahren war.

»Wir müssen deine Mutter loswerden«, sagte ich.

»Unmöglich«, sagte er, »trotz allem liebe ich sie immer noch.«

Er hatte von dem Granatapfel gegessen, und seine Erinnerung war zurückgekehrt. Er sah schrecklich aus, wie auf dem Totenbett. Ich sah ihn an, und nach einigen Wochen vollständiger sexueller Lustlosigkeit überkam mich erneut die Erregung. Es war, als hätte das Hinabsteigen unter die Erde mein Verlangen wiederbelebt. Ich begann, ihn spontan mit »Herr Godek« anzusprechen, zunächst scherzhaft, dann zwanghaft, wobei ich fühlte, dass diese Rolle perfekt zu ihm passte und es an der Zeit war, dass er in mir kam.

Am nächsten Abend packte er. Ich weigerte mich ihm zu helfen. Ich konnte mich nicht vom Fleck bewegen, teils buchstäblich, teils aufgrund des Unbehagens, das sein Fortgehen jedes Mal in mir hervorrief. Ich betrachtete einen Tropfen seines Samens auf meiner Fingerkuppe und stellte ihn mir vor als eine Fackel, die die ganze unterirdische Welt inklusive seiner Mutter niederbrennen würde. Die ekelhaftesten Gedanken spukten in meinem Kopf, aber ich schämte mich nicht.

»Vielleicht«, sagte ich, »vielleicht ... kann deine Mutter nicht schwimmen.«

»Sie kann schwimmen«, sagte mein Mann. »Erinnerst du dich nicht daran, dass ich versucht habe, sie ins Wasser zu schubsen, als ich ein Kind war. Sie konnte auf dem Wasser laufen.«

»Woran denkst du jetzt«, fragte ich nervös.

»Die Matratze, die dort unten auf mich wartet, ist widerlich.«

»Sie verkörpert tiefste mütterliche Liebe«, sagte ich gehässig.

»Vielleicht«, antwortete er.

Ich fuhr ihn zum Männergraben, er stieg hinab in das Erdloch, und die Erde schloss sich über ihm. Ich hatte meinen Mann begraben. Bei der Verabschiedung hatten wir uns nicht einmal geküsst. Er drehte sich nicht um. Ich konnte nicht einschätzen, ob seine eiligen Schritte ein Zeichen dafür waren, dass ihm vor der Begegnung mit seiner Mutter grauste oder ob er sich heimlich darauf freute. Wie jedes Mal, wenn er fortging, verletzte er mich.

Das Erste, was ich als Witwe – in Gestalt eines Vogels und völlig frei – tat, war zu meiner Mutter zu fliegen, um mich über meine Schwiegermutter zu beklagen. Meine Mutter umarmte mich und sagte: »Es ist an der Zeit, dir einen neuen Mann zu suchen.«

Ich stimmte ihr zu, obwohl ich ihn weiterhin liebte. Die Erde öffnet sich nicht alle Tage, um einen schönen und geliebten jungen Mann in meine Arme zu entlassen. Er war jetzt ordentlich in der besitzergreifenden Umarmung seiner Mutter und ihrer erstickenden kranken Liebe begraben. So wie der Tropfen seines Spermas mir für kurze Zeit den Weg geleuchtet hatte, so war er auch für seine Mutter ein Leuchtturm im tiefsten Dunkel der Hölle. In diesem Moment bedauerte ich die beiden ein wenig, aber das Leben musste auch im Winter weitergehen.

In dieser Nacht zog ich durch öde Gärten, geistesabwesend suchte ich nach Rissen in der hart gewordenen Erde. Denn ich liebte meine Mutter, aber ich brauchte auch etwas, was nicht ein ganzes Leben andauern würde.

1998

Sie dachte, dass sie den Sommer über zu Hause bleibt, allein mit ihrer Mutter, da ihr Vater und ihre Schwester nach Italien gefahren sind, zu der Europäischen Juniorenmeisterschaft im Tischtennis. Ganz spontan landete sie jedoch mit ihrer Freundin Anida am Jablaničko See. Anidas Mutter war Sekretärin eines Direktors bei der Postverwaltung, daher schickte sie sie mit dem Bus auf eine Freizeit, die für die Kinder der Angestellten der bosnisch-herzegowinischen Post organisiert wurde. Sie war damals sechzehn. Sie nahm ihren zweiteiligen Badeanzug, ihre Teenagerangst und den Roman *Ich, Tituba, die schwarze Hexe von Salem* von Maryse Condé mit und sah einem perfekten Sommer entgegen.

Sobald sie aus dem Bus gestiegen war, begriff sie, dass sie ihr Zelt mit mindestens sechs anderen Mädchen teilen würde, worauf sie sich gar nicht freute, da sie nur schwer Freundschaften schloss. Auch Tischtennis trainierte sie nur aus Pflichtgefühl und Gewohnheit, keineswegs, weil sie Kontakte zu Gleichaltrigen suchte. Sie genoss die körperliche Anstrengung, die Gesellschaft anderer ermüdete sie dagegen. Von anderen Menschen erwartete sie immer das Schlimmste, vor allem weil die Spielerinnen der verfeindeten Teams sich während der Wettkämpfe um die Platte versammelten und die Gegnerinnen beleidigten, um sie zu demoralisieren und damit zu schwächen. Sie träumte von *fair play*, von einer Umgebung, in der sie weniger Angst vor einer Niederlage haben würde. Sie war empfindlich, aber nicht auf dieselbe Art wie die anderen Mädchen. Anida, die nur etwas jünger als sie war, schwärmte zum Beispiel für den Film *Titanic*. Sie hatte ihn mindestens zwanzigmal gesehen. Ihre Schwester ebenfalls. Für sowas hatte sie kein Verständnis.

Am Eingang zum Campingplatz, der sich gegenüber dem See erstreckte, standen auf der rechten Seite Holzbänke und Tische. Hier konnte man essen. In der Nähe befanden sich zudem die Küche und eine kleine Erste-Hilfe-Station. Über dem Lager erhob sich ein Hügel. Sie wusste sofort, dass sie die meiste Zeit dort verbringen würde, da sie immer nach isoliert gelegenen Aussichtsplätzen suchte, von denen aus sie ungestört die Erziehung anderer Kinder beobachten konnte, um ihre zu verdrängen.

So viele Kinder an einem Ort zu versammeln, war auch für Organisatoren keine besonders angenehme Idee. Zuweilen schien der Lärm bis zur Amalfi-Küste zu reichen. Doch das war nicht ihr Problem. Wie jedes andere Kind brauchte sie eine Erholung von ihren eigenen Hormonen, von dem nächtlichen Wachstum ihrer Brüste, der sie irre machte. Titten mochte sie nur an anderen. Für sich selbst wünschte sie sich, so gerade wie ein Todesstrich zu sein.

Am ersten Tag stieg sie sofort nach dem Frühstück auf den Hügel und setzte sich in den Schatten. Anida war mit einigen Freundinnen baden. Natürlich hatte sie sie gefragt, ob sie mitkommen wollte. Sie hatte jedoch abgelehnt. Schwimmen ging sie erst in der Abenddämmerung, wenn niemand mehr am See war. Davor beobachtete sie die anderen neugierig von ihrem Hügel aus. Sie teilten dasselbe Zelt, aber nicht die gleichen Gedanken: Die Mädchen waren besessen von Männern, aber sie hatte keine Lust, über dieses Thema nachzudenken. Dennoch fragte sie sich manchmal, was das war, was sie dort unten, in dem trüben Wasser versäumte.

Erst am dritten Tag traute sie sich, wie alle anderen in den See zu gehen. Ein Junge schnappte sofort nach ihrem Bein, weil er ein Gespräch beginnen wollte. Es war dumm und kindisch, doch es brachte sie zum Lachen. Und obwohl er ihr nicht zuwider war, schwamm sie schnell weiter.

Das Schwimmen erlebte sie anders als das Tischtennis. Es war für sie kein Sport. Die Übelkeit, die sie verspürte, wenn sie früh morgens zu einem Wettkampf musste, verschwand im Seewasser: Sie warf sie mit einer Armbewegung auf den schlickigen Seeboden. Beim Rückenschwimmen fiel ihr die Last wie ein Stein von den Schultern.

»Scheiße!«, dachte sie. »Sogar über meine intimsten Gefühle fange ich an, wie in einem Wettbewerb zu denken.«

Alles ist zu einer großen Sportmetapher geworden. Ihr muskulöser Körper trug ihre Gedanken seeaufwärts, fort von dem Lärm. Interessiert betrachtete sie die Badenden, so wie jemand, der sowohl beim Erwachsenwerden wie auch im Leben gesiegt hat. Ihr Blick war traurig, doch im Geiste des Sieges musste sie weiterziehen. Nach dem Baden stieg sie langsamer den Hügel hinauf als sonst. Den Roman nahm sie mit. Sie konnte ihn jedoch nicht aufschlagen.

Der Grund, warum sie nicht zu der Europäischen Juniorenmeisterschaft gefahren ist, war banal: Der Tischtennisbund hatte nicht genug Geld, um die Reise für sie und ihre Mitspielerin zu bezahlen. Die beiden besten Juniorinnen mussten zuhause bleiben. Die jüngeren Mädchen konnten mitfahren sowie alle Jungen. Das wäre für sie in Ordnung gewesen (sie war Geldmangel gewöhnt), wenn sie zu ihrem großen Bedauern nicht das Alter erreicht hätte, in dem sie endlich die eindeutige Verbindung von Geld und Männlichkeit erkennen konnte. Sie mochte es nicht darüber nachzudenken, aber sie musste es.

Im Frühling hatte der Trainer sie zum Vorbereitungstraining eingeladen. Alles, was die Männerteams taten, sollten auch die Frauen machen. Und dann gab es auf einmal nicht genug Geld. Allerdings hatte man sie vor der Abreise darüber nicht informiert. Sie musste stundenlang in Turnschuhen auf viel zu dünnen Sohlen joggen. Tagelang haben sie Druckstellen an den Füßen gequält. Manchmal griff sie zu fest nach dem Schläger, entsetzt von Gedanken, die in ihr aufkamen und die sie nicht richtig einordnen konnte. Sie brauchte ein Gespräch mit den anderen. Man hatte in der Umkleide zwar darüber diskutiert, wer in wen verliebt war, aber nie konnte man Klagen darüber hören, dass die bestbeleuchteten und -positionierten Tische in der Halle immer von männlichen Spielern besetzt waren. Die Mädchen trainierten brav unter flackernden Lampen, auf schadhaftem Parkettboden. Sie duschten und lachten gemeinsam, aber sie träumten getrennt, jede in ihrer Kabine, feucht von dem lauwarmen Wasser und von den Wachstumshormonen. Vielleicht meldete sich damals, während sie die Mühen ihrer Gleichaltrigen, erwachsen zu werden, beobachtete, zum ersten Mal ihre Unzufriedenheit: Kann eine Frau je groß genug werden, damit man sie am besten Tisch spielen lässt, unter der besten Beleuchtung?

Auf dem Hügel konnte sie sich in Ruhe dem Laster des Grübelns hingeben. Sie saß bis zum Mittagessen dort oben, dann stieg sie hinab zu den Kindern und unterhielt sich, soviel es nötig war. Anida erzählte laut von der Kelly Family. Sie wusste nicht, was sie dazu sagen sollte. Sie mochte am liebsten jugoslawischen Schlager. Sie hätte jeden Tag Ivo Robić und Gabi Novak hören können, aber wie hätte sie das zugeben sollen? Als das Essen zu Ende war, zogen sich die anderen zur Erholung ins Zelt zurück. In der Nähe des Sees erstreckte sich eine Wiese, von der man in einen verwilderten Wald gelangte. Sie ging dort spazieren. Wenn sie nicht darauf achten musste, was sie sagte, fühlte sie sich frei. Sie ging, wohin sie wollte. Als sie nach einem Platz suchte, an dem sie sich kurz ausstrecken konnte, erblickte sie in der Ferne den Jungen, der sie im Wasser berührt hatte. Sie flüchtete schnell und hockte sich in das erstbeste Gebüsch. Sie hoffte, dass er sie nicht bemerkt hatte. Als sie sich davon überzeugt hatte, dass er ihr nicht gefolgt war, erhob sie sich und ging zurück ins Camp. Die Kinder waren wieder schwimmen gegangen. Sie saß alleine dort. Alles war in Ordnung.

Am Abend wollte sie wieder schwimmen gehen. Das Wasser zog sie am meisten an, wenn sie sich nicht darin spiegeln konnte. Sie schwamm so schnell, als wäre sie in einem Wettkampf. Plötzlich zog in der Mitte des Sees jemand an ihrem Bein. Zweimal, und zwar ziemlich stark. Sie hielt inne.

»Lass das«, sagte sie.

Als sie sich umdrehte, war dort niemand.

In der Nacht konnte sie nicht schlafen. Sie erinnerte sich an die ersten Konditionstrainings in Ungarn, als um Mitternacht in dem Bungalow, in dem die Mädchen schliefen, Hunderte von Kakerlaken auf ihre Köpfe stürzten. Das Ungeziefer rieselte von den Decken, sprudelte aus allen Ecken hervor. War die Invasion dieser ekelhaften Insekten nicht die perfekte Ankündigung der Gefahren des Erwachsenwerdens? Sie war damals dreizehn und sah aus wie ein Junge. Auch heute, drei Jahre später, hatte sich nichts verändert. Sie hatte noch keine Menstruation. Männer interessierten sie nicht. In ihren Heften verwahrte sie keine Fotos von Leonardo DiCaprio, sondern ein Portrait des Volkshelden Rade Končar.

Sie lauschte dem Atem der Mädchen im Zelt. Obwohl sie keine Uhr hatte, spürte sie, dass der Morgen dämmerte. Die ersten Sonnenstrahlen brachten ihr den Schlaf. Sie ging nicht zum Frühstück. Sie verschlief sogar das Mittagessen.

Am See unterhielten Anida und sie sich kurz über Tischtennis. Wenn der Sommer vorbeiging, müssten sie wieder zweimal täglich trainieren, manchmal erschöpfende sechs Stunden lang – wenn der tägliche Stundenplan es zuließ. Hundert Sit-ups, mindestens eine halbe Stunde lang Joggen, Dehnungsübungen. Sie musste den Spin üben und auf die gefährlichen Bälle achten, die die Gegnerinnen auf die Mitte des Körpers richteten. Ihre Reaktion musste schneller werden. Und noch schneller. Das Handgelenk musste sich mehr entspannen. Sie betrachtete ihre Beine. Sie war geschickt wie eine Katze, aber launisch. Die Beine konnten die Spannung in ihrem Kopf nicht verringern. Wenn sie niedergeschlagen war, konnte ihr nicht einmal ihre starke Vorhand helfen. Ihre Stimmungsschwankungen waren für alle sichtbar. Sie gehörte nicht dazu. Vielleicht war es gar nicht von Nachteil, unter schlechter Beleuchtung zu spielen. Der Sport hatte ihren Körper geformt, das Grimassenschneiden sprudelte dagegen von innen hervor, von einem Ort, den sie vor den anderen verbergen wollte.

Als sie losschwamm, blieb die Zeit stehen. Sie sah das Wasser: Die Seeoberfläche wurde dickflüssiger, gewann an Viskosität. Das Schwimmen fiel ihr schwerer, als würde sie sich durch Pfannkuchenteig bewegen. Sie spürte, dass sie selbst weich wurde, wie ein Teig, der seine Form verändert. Sie erschrak nicht, da sie sich das Erwachsenwerden genauso vorgestellt hatte. Der Kinderlärm hatte nicht nachgelassen. Und so war sie die Einzige, die bemerkt hatte, was geschah.

Sie wusste, dass solche Veränderungen notwendig sind. In ein paar Jahren würde sie sogar beginnen, Krautwickel zu mögen: So tief ging diese Transformation. Was Tituba, die schwarze Hexe von Salem, betraf, so hatte sie sich mit ihrer Figur identifiziert: »Du wirst die Einzige sein von all denen, die überlebt«, mit diesen Worten endete der erste Teil des Romans. Sie traute sich nicht weiterzulesen. Die Sonne strahlte auf ihren Kopf. Sie legte das Buch auf das Handtuch und ging wieder ins Wasser.

Die erste Hälfte der 90er Jahre zu überleben, war ein Wunder. Die Mädchenzeit zu überleben, würde noch ein größeres Wunder sein. Sie bewunderte sich selbst dafür, dass sie nicht blutete. Nichts hinderte sie am Schwimmen. Auf dem Gymnasium fehlte sie nie beim Sport. Vor allem nicht dann, wenn sie ins Schwimmbad gingen. »Die weiblichen Probleme«, die sie quälten, bezogen sich auf die Handlung des Romans von Maryse Condé und nicht auf die Menstruation. Das Wasser milderte ihre Lektüreleiden nicht vollständig ab, aber sie schwamm, sie schwamm inständig. Wenn sie so weiter machte, könne sie schwimmend die Adria überqueren und zum Turnier nach Italien gelangen. Sie war erst sechzehn, aber sie wusste, dass die Anstrengung, die sie investierte, nicht ausreichend war. Sie konnte sich so viel anstrengen, wie sie wollte, ihre Brüste würden trotzdem wachsen. Auch sie würde bald in die Pubertät kommen. Das Älterwerden war unaufschiebbar. Von allen anderen werde nur ich nicht überleben, dachte sie.

Sie verschluckte sich. Sie hatte Seewasser im Hals, und das brachte sie in die Wirklichkeit zurück. Der Junge ließ seine Beine ins Wasser baumeln, er beobachtete sie aufmerksam. Außer ihr beachtete ihn niemand, als hätte ihn niemand gesehen. Sie wusste, dass er nicht im Camp untergebracht war. Keiner von seinen Verwandten arbeitete bei der Post. Sie tauchte unter. Als sie wieder an die Oberfläche kam, war er nicht mehr da. Sie dachte an Nixen. Sie zogen Männer auf den Meeresgrund. Vielleicht war der Junge ihr erstes Opfer in diesem Sommer.

In der Nacht wachte sie von lautem Weinen auf. Das Mädchen im Nachbarbett blutete stark. Sie halfen ihr aufzustehen. Die Bettwäsche und die Matratze saugten sich mit Blut voll. Ihr Schluchzen hatte bald alle Mädchen geweckt. Zuerst legten sie ihr kleine Handtücher zwischen die Beine, und dann gingen sie zu Strandlaken über. Danach wickelten sie sie in einen Bettbezug. Als sie begriffen, dass das Mädchen nicht aufhören würde zu bluten, brachten sie sie in die Ambulanz. Die Frau, die dort Dienst hatte, benahm sich widerlich. Sie fragte sie, mit wem sie geschlafen habe, ob sie noch Jungfrau sei oder nicht. Sie schrie sie an und beleidigte sie. Das Mädchen verlor sehr schnell sehr viel Blut. Die diensthabende Ärztin erwähnte zunächst eine mögliche Fehlgeburt und dann eine Menorrhagie. Sie wussten nicht, was das ist. Am Ende schob sie das Mädchen, das immer noch wie eine Leiche in das Bettlaken gewickelt war, in ein Fahrzeug, bei dem es sich nicht um einen Krankenwagen handelte, und schickte sie nach Hause, hundertachtzig Kilometer vom Lager entfernt. Sie hatte nicht einmal die Eltern des Mädchens benachrichtigt.

Das ganze Zelt stank nach Blut. Niemand ging zurück, um darin weiterzuschlafen. Sie wurden auf andere Zelte verteilt. Sie nahm ihren Schlafsack, stieg auf den Hügel und legte sich dorthin, wo sie tagsüber zu sitzen und nachzudenken pflegte. Hier, unter freiem Himmel, kam ihr plötzlich der Gedanke, dass diese starke Blutung gar kein gynäkologisches Problem gewesen ist. Es musste sich um etwas Anderes handeln. Bevor sie nach Hause zurückkehrte, wollte sie unbedingt in Erfahrung bringen, was mit dem Mädchen geschehen ist.

Fünf Tage später landeten noch drei weitere Mädchen aus ihrem Zelt in der Ambulanz. Sie wurden als Notfälle nach Jablanica geschickt, damit sie Bluttransfusionen bekommen konnten, da sie alle drei gleichzeitig kollabiert waren. In Decken gehüllt sahen sie aus wie Stoffpuppen. Ihre Eltern hätten über den Vorfall benachrichtigt werden müssen, aber die Organisatoren vertuschten es, belogen die Mütter und Väter und behaupteten, dass es sich um eine gewöhnliche Anämie handelte.

Als sie ins Camp zurückgebracht wurden, bemerkte sie eine starke Veränderung an den Mädchen. Alle taten so, als wäre nichts Merkwürdiges geschehen, doch die Gesichter der Mädchen ähnelten nicht mehr denen, die sie vor den Vorfällen hatten. Für sie waren die Veränderungen jedoch eindeutig. Die Mädchen gingen weiterhin mit Anida gemeinsam zum Schwimmen, aber ihr Gang hatte sich verändert, als wären sie an einem Ort gewesen, von dem sie vollkommen umgekrempelt worden waren.

Den Jungen war in dieser Zeit nicht Schlimmes widerfahren. Für sie war dieser Sommer perfekt. Sie spielten Basketball und Fußball, sie schwammen, aßen dicke Sandwiches mit Fleischwurst, dachten an gleichaltrige Mädchen, aber auch an die erwachsenen Frauen, die in dem Camp arbeiteten.

»Mit der würde ich alles Mögliche anstellen«, hörte sie einen sagen.

In ihrem Kopf konnte dieses »alles Mögliche anstellen« nur das Eine bedeuten: einem dieser Mädchen einen Startplatz bei der Europäischen Meisterschaft im Tischtennis wegzuschnappen.

»Widerlich«, sagte sie laut. Der Junge drehte sich um, auf seiner Oberlippe sprossen die ersten Härchen.

»Was beschwerst du dich«, rief er, »als würdest du es nicht wollen! Sie hat große Titten!«

Er dachte, er würde mit einem Jungen sprechen. Dann schaute er genauer hin.

»Ich dachte, du seist ein Junge«, sagte er verwirrt.

Sie verwandelte sich wieder in ein Stück Teig, und der Boden, über den sie lief, verwandelte sich in Wasser. Sie wandte sich ab und schwamm weiter. Warum verlor sie jedes Mal gegen einen Mann? In Gedanken versunken, wanderte sie zur Lichtung und ging in den Wald. Sie lief weiter und dachte über das eigene Geschlecht nach. Wie sollte man einen Gegner besiegen, wenn jedes Match so begann, dass er im Voraus die Hälfte der Punkte bekam? Ein Spiel geht bis 21, aber am Anfang steht auf der Anzeigetafel 0:11. Du hast deinen Tischtennisschläger noch nicht einmal aus der Hülle geholt, da verlierst du bereits.

Sie lief mindestens eine halbe Stunde durch den Wald. Dann hörte sie ein Wasserrauschen. Im Camp hatte sie das noch nicht gehört. Durch die dicht wachsenden Äste sah sie einen kleinen Wasserfall, der in einen Flussärmel stürzte. Darunter badete der Junge, den sie sofort erkannte. Eigentlich badete er gar nicht, die Hälfte seines Körpers hielt er in den Wasserfall. Es sah so aus, als stecke er im Wasser fest, doch es war ein Trugbild. Es reichte ein Wimpernschlag, und er war verschwunden. Als es ihr gelang, aus dem Dickicht herauszukommen, stieg sie ins Wasser. Anders als im See war es hier sehr kalt. Beinahe verschlug es ihr den Atem. Und nicht nur das Atmen fiel ihr schwer, die Kälte hielt die Zeit an; es war, als wäre der Augenblick, in dem sie in den Fluss getaucht war, eingefroren. Dann spürte sie einen starken Druck, wie im See. Dieses Mal fasste sie jemand an der Hand und zog sie unter den Wasserfall. Als sie auf der anderen Seite auftauchte, empfing sie dort das umgekehrte Bild jenes Ortes, von dem sie gekommen war: derselbe

Fluss, dasselbe Geäst. Sie ging durch denselben Wald. Eine halbe Stunde lang, genauso wie auf dem Weg zum Wasserfall. Alles sah gleich aus.

Im Camp sah sie dieselben Menschen. Es war zur Mittagszeit, alle saßen auf den Bänken und aßen. Mit dem Blick suchte sie nach Anida. Als sie sie fand, sagte sie:

»Rück ein bisschen zur Seite.«

Anida rückte ein Stück und machte ihr Platz.

Beim Hinsetzen beäugte sie aufmerksam ihre Freundin. Wie gut kannten sie sich eigentlich? Sie wusste es nicht. Vielleicht hätte sie eine Veränderung an ihr bemerken können, hätte Anida ihr in die Augen geschaut. Doch als hätte sie etwas geahnt, vermied Anida es hartnäckig, ihren Blick vom Teller zu heben. Sie kaute an einer Schnitte Brot, stundenlang – so wirkte es zumindest.

»Freust du dich auf das Training?«, fragte sie sie.

Ihre Freundin starrte vor sich hin und antwortete: »Nicht unbedingt. Es wird mir schwerfallen, wieder jeden Tag zu trainieren und in die Schule zu gehen.«

In Ordnung. Das hörte sich schon einmal so an wie etwas, das Anida tatsächlich sagen könnte. Sie wollte sie etwas Intimeres fragen, etwas, was diese Anida nicht wissen konnte, aber sie wollte vermeiden, ihren Argwohn zu erregen.

»Ich habe es niemandem gesagt, aber bei den Vorbereitungen habe ich die Trainingsjacke von A. bekommen. Zur Aufbewahrung.«

»Und?«, fragte Anida.

»Ich habe sie mit in mein Hotelzimmer genommen, die Tür von innen abgeschlossen und sie mir auf die nackte Haut angezogen. Habe ich dir das schon erzählt?«

Sie wartete angstvoll auf Anidas Antwort.

»Nein, das hast du nicht. Ich höre das zum ersten Mal.«

Ihr fiel ein Stein vom Herzen. Vielleicht hatte sie es sich nur eingebildet, dass sie eine »falsche« Anida vor sich hatte. Dieses Mädchen sah genauso aus wie Anida, und ihre Stimme klang identisch. Doch die Zweifel verließen sie nicht vollständig, da ihre Freundin mit großem Appetit von einem Teller aß, der anscheinend nicht leerer wurde.

»Warum isst du nichts?«, fragte Anida sie mit vollem Mund.

»Ich habe keinen Hunger«, sagte sie. »Ich gehe jetzt spazieren, wir sehen uns dann am See.«

»In Ordnung«, sagte ihre Freundin.

Sie wollte nichts von dieser Welt in ihren Mund nehmen. Sie hatte irgendwo gelesen, dass man in der Unterwelt steckenbleibt, wenn man etwas von dort isst. Sie wollte sich die Möglichkeit zur Flucht offenhalten. Je länger sie über die Situation nachdachte, in die sie geraten war, desto schwächer wurde ihr Unbehagen. Beinahe fröhlich ging sie auf den Hügel. Die Landschaft war unverändert. Sie hatte in dem Zelt, das nicht mehr nach Blut stank, den Roman gefunden. Auf der ersten Seite hatte ihre Schwester eine Botschaft hinterlassen – ihre Handschrift hätte sie überall auf der Welt erkannt. Diese Welt war echt. Sie fühlte sich erleichtert, es fiel ihr nicht schwer, sich mit den anderen zu unterhalten. Die Nacht verbrachte sie in ruhigem Schlaf. Am Morgen ging sie Schwimmen und hatte Spaß.

»Noch ein wenig«, sagte sie zu sich selbst. »Nur noch ein bis zwei Stunden und ich kehre zurück.« Aber sie konnte sich nicht dazu durchringen.

Hier ging es ihr viel besser. Sie fühlte sich gut in ihrer Haut. Sie dachte weder an Italien noch an Tischtennis. Es war, als sei sie ihr Trauma losgeworden. Am nächsten Tag begann sie beim gemeinsamen Plantschen im See völlig angstfrei ein Gespräch über Musik.

»Hört jemand von euch alte jugoslawische Schlager?«, fragte sie. Sie war stolz auf sich selbst.

»Gabi Novak?«

»Ja«, sagte sie. »Hat sie nicht eine wunderbare Stimme?«

»Doch«, antwortete jemand.

Jetzt war Anida an der Reihe. Sie erwartete die Rede, die sie von ihrer Freundin schon hundertmal gehört hatte: Es gäbe keine bessere Band als die Kelly Family, alle anderen seien Schrott.

»Ich mag Tic Tac Toe am liebsten«, sagte Anida.

Während sie das sagte, blickte sie ihr endlich direkt in die Augen. Ein Lächeln umspielte ihre Lippen. Es lag etwas Grausames in der Art, in der sich ihr Mund verzog, als wäre ihr halbes Gesicht gelähmt.

Während sie sich langsam von Anida entfernte, zwang sie sich ebenfalls zu einem Lächeln. Ihr Herz schlug panisch, doch sie wusste, dass sie ihre Angst nicht zeigen durfte. Dieser Ort hatte sie eingesaugt, und egal, worum es sich handelte, es war nicht ratsam, diese unheimliche Kraft zu provozieren.

»Ich bin jetzt wirklich hungrig«, sagte sie zu Anida. »Möchtest du auch ein Sandwich?« Sie wollte sich langsam aus ihrem Blickfeld entfernen und bis zum Wasserfall flüchten. Sie war schon zu lange geblieben.

»Ich will etwas essen«, sagte sie noch einmal. Nach wie vor lächelnd. »Soll ich dir etwas aus der Küche holen?« Sie gab nicht auf. Anida durfte sie nicht begleiten. Wie sollte sie sie nur loswerden, wenn sie ihr nachlaufen würde?

»Gerne«, sagte Anida.

Sie holte zwei Sandwiches aus der Küche und kam zum See zurück. Eins gab sie Anida, und das andere warf sie ins Gebüsch am Ufer.

»Ich gehe auf den Hügel und lese mein Buch zu Ende.«

Sie ging zum Zelt, nahm ihre Tituba und beeilte sich, zum Ausgang des Camps zu gelangen. Das Buch war ihr einziges Zeugnis.

»Wo bist du?«, hörte sie Anidas Stimme.

Jetzt hatte sie sich schon ziemlich weit vom Camp entfernt, sie durfte nicht stehenbleiben. Jeder Schritt zurück wäre ein Wahnsinn.

»Wo bist du, meine Freundin!«

Sie hörte die gedehnte, raue Stimme, als würde jemand einen Radiosender einstellen wollen. Sie beschleunigte ihre Schritte.

»Lass uns spiiieeelen!«

Sie hörte ein lautes Grummeln aus ihrem Bauch, die Schritte hinter ihrem Rücken klangen immer deutlicher. Sie begann zu rennen. Sie hatte das Buch in ihren Schlüpfer geschoben, um ihre Hände frei zu haben. Sie stieß die Äste zur Seite und rannte, als würde sie nicht Tischtennis trainieren, sondern Leichtathletik. Ihre Knie zitterten. Sie hatte Angst, dass die falsche Anida sie einholte und eine Doppelgängerin sie ersetzte. Als sie den Wasserfall erreichte, drehte sie sich um und sah, dass nicht ihre Freundin, sondern jener Junge dastand, den sie am See gesehen hatte.

»Wohin so eilig?«, fragte er.

Er stand ganz ruhig da, er folgte ihr nicht ins Wasser. Er meinte wohl, er bräuchte das nicht zu tun.

»Du siehst aus wie ein Junge«, sagte er.

»Ich weiß.«

»Das stört mich nicht.«

»Mich auch nicht.«

»Du lügst.«

Vor diesem Ausflug wäre das die Wahrheit, doch jetzt hat sie nicht gelogen. Es war ihr völlig egal, wie sie aussah. Sie wollte überleben. Das war ihr das Wichtigste. Sie sagte: »Dich hat verraten, dass du ihre Lieblingsband nicht kanntest.«

Der Junge lachte. Sein Magen meldete sich wieder. Der gefräßige Mund weitete sich zu einem noch breiteren Lächeln.

»Willst du mich auffressen?«, fragte sie.

»Nur alles unterhalb der Taille.«

Er starrte sie an. »Du hast schöne muskulöse Beine, schöne Oberschenkel.«

Es hörte sich nicht so an, als beschriebe er Hühnerschenkel. Vielleicht war sein Appetit anders gelagert?

»Warum bist du so gefräßig?«

Die Antwort hing in der Luft. Sie achtete auf jede seiner Bewegungen. Es half ihr, dass sie beim Training fremde Absichten deuten musste. Sie war geübt darin, Gegnerinnen zu durchschauen, die mit ihren Körpern die Bälle verdeckten, um sie zu verwirren. Wenn sie zurückkommen, wenn sie überleben würde, würde sie sieben Stunden täglich trainieren, joggen, fleißig üben. In Zukunft wollte sie die Gegnerinnen wie offene Bücher lesen können.

Der Junge rührte sich nicht von der Stelle. Er stand wie angewurzelt da und blickte sie nur an. Auch sie stand bewegungslos da. Sie achtete darauf, ihm nicht den Rücken zuzuwenden.

»Ich will wissen, was du mit dem Mädchen aus dem Zelt gemacht hast?«

»Ich habe sie glücklich gemacht, das ist alles«, sagte er.

»Ich würde so viel Blut nicht unbedingt als Glück bezeichnen.«

»Das Blut ist die Folge eines großartigen Vergnügens.«

»Deines Vergnügens vielleicht.«

»Sei nicht so grausam. Hätten sie keinen Spaß gehabt, wären sie nicht ständig wiedergekommen. Wenn jemand gefräßig ist, dann sie.«

Er zuckte mit den Schultern, als wäre ihm alles gleichgültig, aber sein Gesicht verkrampfte sich. Diese Diskussion ermüdete ihn.

»Du bist stur. Spürst du keine Erleichterung, wenn du hier bist?«

»Doch, ich spüre sie, und das macht mir große Sorgen. Probleme können nicht einfach so verschwinden.«

»Du hörst dich verdammt altklug an«, sagte er. »Du weißt doch gar nicht, wovon du sprichst.«

»Leider weiß ich es«, sagte sie.

Er grinste, aber etwas quälte ihn. Bei der kleinsten Bewegung könnte seine Beute flüchten, und was dann? Würde er mit sich selbst spielen? Wo wäre dann das Vergnügen?

»Wir können dort gemeinsam unter dem Wasserfall stehen, wir müssen uns nicht berühren. Ich möchte dir nur nahekommen.«

Sie bekam eine Gänsehaut. Sie war überzeugt davon, dass er sie im nächsten Moment ergreifen und in den Wald verschleppen würde.

»Du bist anders, besser als die anderen Mädchen«, sagte er.

Sie lachte. Sie wusste, dass sie nicht besser war. Diese Erkenntnis würde sie retten.

»Sie waren die Vorspeise?«

»Ja«, rief er.

Jetzt begann ihr Magen zu grummeln. Sie musste flüchten. Begierde überkam sie. Ihr Magen wurde immer lauter. Ihre Knie schlotterten, aber nicht vor Angst.

»Du entsprichst leider nicht meinem Geschmack«, brachte sie mit großer Mühe hervor und trat einen Schritt zurück. »Nach dem Training kann ich einen ganzen Kühlschrank leer essen. Du bist eine magere Mahlzeit.«

»Du – Klugscheißerin«, rief er. »Zwischen uns ist es noch nicht zu Ende.«

Er sprang ins Wasser, aber ihre sportlichen Reflexe retteten sie. Sie stürzte unter den Wasserfall. Er zog an ihrer Hand, aber es gelang ihm nicht sie zurückzuhalten. Sie fiel auf die andere Seite in das flache Wasser und schlug sich die Nase auf. Ihr Überleben gestaltete sich nicht besonders elegant. Das Buch war nass geworden, die Botschaft ihrer Schwester zerfloss auf dem Papier zu einem gewöhnlichen Fleck.

Als sie ins Camp zurückkam, war die Sonne schon untergegangen. Die Jugendlichen saßen um ein Lagerfeuer. Anida erzählte Witze. Sie sah sie kurz an, und dann – als ihr Atem sich endlich beruhigt hatte – stolzierte sie wie eine Siegerin in die Erste-Hilfe-Station. Sie war froh, dass ihr das Blut nicht die Beine runterrann.

Blindheit

»Was Gott versteckt, enthüllt der Sex«, sagte meine Schwester.

Ich dachte, dass sie mit mir nach Međugorje fährt, aber sie hatte einen anderen Plan.

»Sie haben ein übles Unwetter angekündigt, wir sind gerade im richtigen Moment losgefahren«, fuhr sie fort.

Aus ihrer Stimme war Aufregung herauszuhören.

»Wäre es für dich nicht angenehmer zu fahren, wenn es trocken ist?«, fragte ich.

»Ich mag Regen lieber«, antwortete sie und trat auf das Gas.

Ihr Fenster war nach unten gekurbelt, und der Wind zerzauste unsere Haare. Noch blies er nicht sehr stark, aber ich wusste, dass sich das Wetter verschlechtern würde. Wir haben uns beide aufmerksam die Wetterprognose angehört. Der Niederschlag war nicht so wichtig, das, was meine Schwester erregte, war der Sturm, der langsam ins Landesinnere vordrang. Während sie den Himmel beschrieb, schloss ich die Augen. Mein Verstand hielt bei der dunkelblauen Farbe inne, ich spürte, dass ich mich nicht mehr an sie erinnern konnte. Ich brauchte eine Zeit lang, um zu verstehen, wovon meine Schwester sprach. Die Farben wurden immer abstrakter. Es fiel mir schwerer, sie mir als Gott vorzustellen.

Zwanzig Monate zuvor hatte ich mein Augenlicht verloren. Ganz unvermittelt. Meine Schwester brachte mich zu verschiedenen Ärzten, aber da war nichts, meine Augen waren in Ordnung. Weder die Ophthalmologen noch die Neurologen konnten die Ursache meiner Blindheit herausfinden. Ich hatte mir keine physische Verletzung zugezogen, keinen Schlag auf den Kopf, und bin auch nicht in einen Schacht gestürzt. Niemand in unserer Familie war blind. Die Dunkelheit war von nirgendwoher über mich eingebrochen, und ich versuchte, ihr panikartig zu entkommen. Nach den Ärzten besuchte ich verschiedene Wallfahrtsorte, zunächst Marija Bistrica, da dieser Ort am nächsten lag, und dann alle möglichen. Ich suchte alle montenegrinischen und serbischen orthodoxen Klöster auf, die katholischen in Kroatien, alle Hodschas und Imame in Bosnien und einen Rabbi in Zagreb. In Zavidovići versuchten sie mir durch Bleigießen die Angst auszutreiben, sie lasen mir aus den Bohnen und bliesen in meine Ohren. Eine Frau aus Subotica empfahl mir, jede Nacht zwei Nägel unter mein Kopfkissen zu legen, um den Teufel auszutreiben, aber meine Schwester erlaubte es mir nicht. Sie glaubte zwar nicht an Gott, dennoch fuhr sie mich zu meinen Begegnungen mit den Priestern, obwohl sie sie verabscheute. Ich verlor nie die Hoffnung. In meinen Taschen hatte ich immer Gebetsketten bei mir, einen Tesbih aus Bernstein und einen Rosenkranz. Meine Schwester nähte zudem Talismane in meine Kleidung ein.

»Das ist alles Unsinn«, sagte sie. »Wäre Jugoslawien nicht zerfallen, dann würden sich jetzt normale Ärzte um dich kümmern. Die Kommunisten würden dir dabei helfen, dein Augenlicht wiederzubekommen.«

Immer wenn meine Schwester den Mund öffnete, um Gott zu beschimpfen, betete ich still vor mich hin, in der Hoffnung, sie so zum Schweigen zu bringen.

»Gegrüßet seist du, Maria, voll der Gnade ...«

Meine Schwester hieß Marija, so dass ich das Gefühl hatte, gleichzeitig auch sie anzubeten.

An die Blindheit konnte ich mich nur sehr schwer gewöhnen. Die ersten drei Monate weinte ich unablässig und bat Gott, mir mein Augenlicht zurückzugeben oder mir das Leben zu nehmen. Meine Schwester kaufte mir einen Stock und besorgte mir einen Blindenhund. Das half aber nicht, da ich vor lauter Angst und Scham das Haus nicht verlassen konnte. Von allen Sinnen bedeutete mir das Sehen am meisten. Als meine Augen versagten, kam es mir so vor, als würden auch meine Beine nicht mehr funktionieren. Ich saß tagelang vor dem Fenster, in vollständiger Dunkelheit, völlig unabhängig von der Tageszeit. Absichtlich schluchzte ich laut, damit mich alle Nachbarn hören konnten.

»So geht es nicht mehr weiter«, sagte meine Schwester. »Es ist an der Zeit, dass etwas geschieht.«

Um sie zu bestrafen, versprach ich ihr, dass ich in den Priesterseminaren und den Klöstern nach Antworten suchen würde. Marija ließ sich nicht beirren. Sie füllte den Tank, und so fuhren wir nach Marija Bistrica. Auch das half nichts, aber als ich einmal aufgebrochen war, war ich nicht mehr zu halten. Ich wollte reisen, und meine Schwester verließ am Wochenende sowieso nie das Auto. Sie war ständig unterwegs, da sie von zu Hause flüchtete, auch vor mir. Doch jetzt begann ich, mit ihr zusammen zu flüchten.

An dem Tag, bevor ich erblindete, hatte ich zum ersten Mal im Leben masturbiert. Ich lag in dem Bett, in dem einst meine Großmutter geschlafen hatte. Über mir hing ein Kruzifix aus gebranntem Ton. Ich kam zu schnell, und Jesus fiel auf den Boden und zersprang. Meiner Schwester sagte ich nichts davon. In der Nacht darauf verlor ich mein Augenlicht.

Marija reiste manchmal nach Bosnien, und deshalb hatte sie sich daran erinnert, dass es in Jajce ein Franziskanerkloster gab. Nachdem wir in Marija Bistrica gewesen waren, fuhren wir dorthin, aber anstatt nach Hilfe zu suchen, besuchten wir die Knochen des letzten bosnischen Königs Stjepan Tomašević. Ich konnte ihn nicht sehen, aber meine Schwester beschrieb ihn mir in wenigen Worten: »Er ist sehr klein«, sagte sie.

Ich spürte nichts, als ich ihn berührte. Ich konnte nach wie vor nicht sehen. In diesem Augenblick zweifelte ich zum ersten Mal an Gott. Ich schämte mich, und deshalb betete ich auf der Rückfahrt ohne Unterbrechung. Ich hielt den Rosenkranz fest in meiner Hand und dachte an die heilige Jungfrau. Ich konnte Maria verstehen. Nicht meine Schwester Marija, sondern die Jungfrau Maria. Meine Schwester zu verstehen, gelang mir nicht. Wir unterschieden uns zu stark. Sie war eine schlecht gelaunte Bibliothekarin, ich mied die Literatur, da ich befürchtete, dass sie erst durch die Bücher so geworden ist und dass die Bücher ihr Leben zerstört haben. Marija ging in ihre Bibliothek und ich in die Natur, fern von ihren literarischen Lieblingen, denen sie frommer diente als ich Jesus.

Vor längerer Zeit hatte ich in ihrer Abwesenheit ihre Bücher durchgestöbert. Sie besaß Werke von Marquis de Sade, über den ich in der Schule schreckliche Dinge gehört hatte. Er brutzelte bestimmt in der Hölle. Ich öffnete eines der Bücher und stieß ausgerechnet auf folgenden Satz: »Tugend und Laster verschmelzen im Grab.«

Meine Schwester hatte diese Stelle unterstrichen. Sie hatte auch folgenden Satz markiert: »Sie soll vögeln, sie soll ungestraft vögeln!«

Während ich danach im Bett lag, dachte ich über das Gelesene nach. Vor dem Einschlafen betete ich, aber dann glitt meine Hand von alleine zwischen die Beine und wartete dort auf etwas. Und irgendwann fiel Jesus von der Wand, und ich verlor mein Augenlicht.

Das Auto raste über die nasse Straße, meine Schwester jedoch war eine ausgezeichnete Fahrerin, ich hatte keine Angst. Mein Vertrauen in sie war grenzenlos. Auch ich wünschte mir, 160 Kilometer pro Stunde fahren zu können. Hätte ich hinter dem Steuer gesessen, dann hätten wir uns mit Lichtgeschwindigkeit bewegt, da ich schnellstmöglich dort ankommen wollte, wohin meine Schwester mich zu bringen beabsichtigte. Tief in mir spürte ich, dass wir nicht nach Međugorje fuhren. Gott wollte nicht, dass ich in die Herzegowina fuhr, um dort unwiderruflich den Glauben an ihn zu verlieren.

Als ich noch sehen konnte, war ich häufig mit dem Institut für Experimentelle Biologie auf Exkursionen im Neretvatal. Ich war in meinem ersten Studienjahr an der Naturwissenschaftlich-Mathematischen Fakultät, und ich wollte mich bis zum Ende des Lebens mit Botanik beschäftigen: zarte Blumen zwischen Heftblätter und wohlriechende Pflanzen in meinen BH legen, so wie es einst meine Großmutter getan hatte. Wenn sie mich an ihre Brust drückte, konnte ich Minzblätter oder Rosenblüten riechen, die sie dorthin legte, wohin sich andere Frauen Nylonstrümpfe stopften. Auch meine Großmutter hieß Marija, so dass ich immer – wenn ich von der Mutter Gottes sprach – auch sie erwähnte. Sie lagen mir beide am Herzen, meine Schwester weiter unten, dort, wo Schwestern nie sein dürften. Vielleicht war Jesus deshalb von der Wand gefallen und in Stücke zersprungen.

Eigentlich fuhren wir nicht allzu lange. Ich musste nicht einmal auf die Toilette, als wir schon von der Autobahn runterfuhren.

»Wo sind wir hier?«, fragte ich meine Schwester.

»Im kroatischen Gebirge.«

Ich war gut in Erdkunde gewesen. »In welchem Teil des Gebirges?«

»In dem Teil, in dem du wieder zu sehen beginnen wirst«, sagte meine Schwester.

Ich war aufgeregt. Meine Hand begann zu zittern.

»Das heißt also, dass es bestimmt nicht Lika ist«, erwiderte ich.

Marija sagte nichts, sie fuhr einfach weiter. Ich konnte nicht feststellen, wie spät es war, ich wusste nur, dass wir morgens losgefahren waren. Ich verlor mich in meinen Gedanken. Ich stellte mir ein Gotteswunder vor, das mir mein Augenlicht zurückgeben würde. Meine Schwester schob eine CD von Bebi Dol in den Player, eine serbische Sängerin, die wir beide gerne hörten. Sie wollte, dass ich mich entspanne, aber ich war schon entspannt genug. Als wir anhielten, hörte ich Marija ihren Rucksack öffnen und ein Buch herausnehmen. Ohne Vorwarnung begann sie laut vorzulesen: »Oben auf der Treppe führt der Weg zu einem Felsen. Ein Pfad führt auf die andere Seite. Über den gelangen die Bergsteiger zum Felsen, während sich unser Weg aus dem Wald entlang des Felsens fortsetzt. Er führt vorbei an Gedenktafeln für Alpinisten, die ums Leben gekommen sind, und weiter zum Gipfel. Obwohl der Abschlussteil dieses Aufstiegs eine kleinere alpinistische Strecke ist, stellt sie keine größere Schwierigkeit dar, auch wenn man gelegentlich beim Klettern die Hände zur Hilfe nehmen muss. Eine Gefahr besteht nur, wenn es regnet, da die Felsen glitschig werden. Auf dem Gipfel ist es nicht ratsam, dem Rand des Felsens zu nahe zu kommen. Der Gipfel ist ein felsiger Kopf mit einem Durchmesser von zehn Metern. Von hier aus öffnet sich der Blick auf der einen Seite in Richtung Gorski kotar und auf der anderen Seite bis zum Berg Medvednica bei Zagreb. Man muss darauf achten, dass sich keine Steinbrocken lösen, da das für die Bergsteiger am Felsen direkt unter dem Gipfel verhängnisvoll sein kann.«

An dieser Stelle hielt sie inne, seufzte auf und klappte das Buch zu.

Mich überkam Panik. »Du willst, dass ich auf den Berggipfel steige?«, fragte ich entsetzt.

»Ja«, sagte meine Schwester.

»Aber ich kann doch nichts sehen«, sagte ich.

»Ich weiß.«

Als wir aus dem Auto stiegen, regnete es leicht. Der Wind wurde stärker. Plötzlich konnte ich mir ganz genau den stürmischen Himmel über uns vorstellen.

»Wo sind wir?«, fragte ich.

»Am Fuß eines Berges«, sagte Marija.

»Das ist doch keine Antwort.«

Meine Schwester sagte, dass das hier der einzige Pilgerweg sei, den ich brauche.

»Ich habe die Route gut studiert. Ich werde dich anleinen, wir werden zusammen klettern.«

»Aber in diesem Buch heißt es, es sei gefährlich!«

»Das Augenlicht ist ein gefährlicher Sinn«, sagte meine Schwester. Ich beschwere mich nicht weiter. Marija holte die Bergsteigerausrüstung aus dem Kofferraum: Bergschuhe, Windjacken. Meine Schwester setzte zuerst mir einen Helm auf und dann sich selbst.
»Wenn wir abstürzen, wird uns das auch nichts nützen«, sagte ich.
»Wir müssen es ja erst einmal bis zum Gipfel schaffen.«
Sie hatte Recht, meine Schwester hatte immer Recht.
»Wer sind all diese Alpinisten, die hier umgekommen sind? Wann sind sie gestorben«, fragte ich.
»Das erste Opfer stürzte 1927 ab. Dann gab es noch drei Tote.«
»Und jetzt kommen wir beide hinzu, und auch uns wird niemand vermissen«, sagte ich versöhnlich. Ich war nicht verärgert.
»Bete zu Gott, dass er uns beisteht«, sagte Marija. Sie lachte.
Der Regen wurde stärker.
»Lass uns losgehen, wir müssen vor der Dunkelheit ankommen, und die Route ist anstrengend.«
Mir fiel auf, dass sie mir keinen Rucksack aufgesetzt hatte. Vielleicht erwartete sie gar nicht, dass wir überleben. Dieser Gedanke beruhigte mich mehr als Bebi Dol.
Sie befestigte ein Seil an meinem Bergsteigergürtel.
»Ich brauche keinen Blindenhund, da ich dich habe«, sagte ich.
Marija schwieg.
»War ich schon einmal hier, vielleicht mit der Uni?«, fragte ich.
»Ja, warst du.«
Das engte die Möglichkeiten ein.
»Habe ich ein Souvenir von diesem Ort?« Ich dachte an Pflanzen.
Sie verstand. »Natürlich, du kehrst doch nie mit leeren Händen zurück. Sogar dann nicht, wenn du es solltest.«
Vor meinen Augen erschien plötzlich auf dem schwarzen Hintergrund meiner Blindheit wie ein Leuchtturm meine Lieblingspflanze Primula kitaibeliana. Ihre klebrigen dichte Härchen, ihre rosaroten Blüten,

die zwischen scharfen Steinen feststecken, hatten mich immer begeistert. Sie benötigte nur wenig Erde, sie orientierte sich am Mangel. Sie suchte im kalten, wenig ergiebigen Boden nach Feuchtigkeit. Die Dinarische Primel ist eine vollkommene Pflanze. Einst, als ich sie länger betrachtet hatte, verfing sie sich mit ihren Härchen an meinem Gaumen und klebte dort fest. Ich hatte beinahe spüren können, wie es in meinem Rachen blüht. Nicht einmal der Leib Christi verfügt über eine derartig betörende Kraft. Als ich daran dachte, musste ich mich panikartig bekreuzigen. Ich hatte noch keine drei Schritte gemacht, und schon lästerte ich Gott.

»Du hast mich auf den Klek gebracht«, sagte ich leise, »auf den Hexenberg.«

»Wohin sonst?«, antwortete meine Schwester.

Wir stiegen langsam empor. Niemand war auf dem Pfad. Das Unwetter hatte uns den Weg freigeräumt.

»Bitte achte darauf, dass wir keine Pflanzen zertreten«, sagte ich zu Marija.

Da ich nicht sehen konnte, wohin ich trat, und da ich fast die ganze Zeit auf den Knien kriechen musste, berührte ich mit meinen Händen alles Mögliche um mich herum. Meine Schwester war nicht besonders hilfreich. Wir kletterten schweigend weiter. Vielleicht wollte sie mich bestrafen. Das Bergmassiv Klek war die perfekte Rache für all die Pilgerfahrten, die Kloster und heiligen Stätten, zu denen sie mich ungerne begleitet hatte. Ich hoffte, dass meine Schwester diesen Aufstieg bald aufgeben und zugeben würde, dass sie mir nur Angst einjagen wollte, doch wir setzten unseren Weg fort, und sie schwieg. Ich fürchtete um mein Leben, gleichzeitig war ich gespannt. Auch meine dichten Härchen sind langsam klebrig geworden, es war aufregend, den lebensgefährlichen Gipfel ertastend zu erklimmen.

Den Klek habe ich immer schon gemocht. Nicht nur wegen der Primeln, sondern auch wegen der wunderschönen Aussicht. Unsere Großmutter Marija kam aus Ogulin, und sie hatte uns immer gerne von ihren Bergwanderungen erzählt. Allerdings erwähnte sie nie die toten Alpinisten, obwohl sie bestimmt von ihnen gewusst hatte. Auch über den Hexenreigen hatte sie nie gesprochen. Sie wollte uns wohl keine Angst einjagen.

Meine Schwester Marija dagegen lebte für die Angst. Sie liebte die Literatur, weil diese morbide war. Dort, wo ich über die Wiese rannte und Blumen pflückte, saß sie im Schatten und las Schauer- und Liebesromane in Versen. Ihre Fantasie war glühend und romantisch, sie wollte jedes Buch verschlingen, als wäre es ein Kuchen unserer Großmutter. Bisweilen vertiefte sie sich so sehr in eine Geschichte, dass ich ihr einen Blumenkranz auf den Kopf legen konnte, ohne dass sie es merkte. Als sie in der ersten Klasse auf einen Schulausflug fuhr, bekam sie einen Verweis, weil sie den Mädchen, die das Zimmer mit ihr teilten, im Dunkeln schreckliche Dinge über Hexen erzählt hatte, die sie alle auffressen würden. Kein Wunder, dass sie am Ende Bibliothekarin geworden war.

»Sind wir schon nah am Gipfel?«, fragte ich.

Die Stunden vergingen. Ich hatte das Gefühl, als befände ich mich auf einem unendlichen Pfad. Mein linkes Knie schmerzte.

»Wir sind bereits im Wald«, sagte sie. »Keine Eile. Wir kommen schon rechtzeitig an.«

Wir machten keine einzige Pause, um uns auszuruhen. Es regnete stark, Wasser lief mir übers Gesicht. Mein Rücken war nass, da es mir auch den Nacken herablief. Der Wind wehte so stark, dass ich einmal einen Baumstamm umklammern musste, um nicht zu stürzen.

»Es ist noch hell«, sagte meine Schwester.

»Wieviel Zeit haben wir noch?«

»Genug«, antwortete Marija knapp.

Wenn Seile am Felsen angebracht waren, hielt ich mich daran fest. Sie waren durchtränkt vom Regen. Ich hatte Angst, dass sie mir entgleiten würden. Ich war erschöpft, aber ich gab nicht auf. Es war ein Wunder, dass ich nicht ein einziges Mal stolperte. Gott behütete mich.

Ich weiß nicht, wie die Landschaft um uns herum aussah, denn ich konnte sie mir nicht in Erinnerung rufen. Ich strengte mich an, aber es kamen keine Bilder. Aus den Augen, aus dem Sinn. Ich wollte meine Schwester bitten, mir die Umgebung zu beschreiben, aber ich schämte mich zu sehr.

Je länger wir pilgerten, desto anstrengender wurde der Weg. Ich hatte großen Hunger und Durst. Auf halbem Weg überkam mich der Wunsch, mich hinzulegen und zu sterben, aber ich ging weiter. Kaum eine halbe Stunde später waren alle Geräusche wie von unsichtbarer Hand weggewischt. Ich hatte den Gehörsinn verloren. Mein Mund war trocken, ich wollte nach Wasser fragen, doch meine Schwester zog mich am Seil hinter sich her, als wäre ich ein Kartoffelsack und kein menschliches Wesen. Mir war nach Beten zumute, aber ich hatte meine Stimme verloren. Meine Knie taten weh, meine Hände waren voller Wunden. Die steilen Hänge des Kleks und seine feuchten, glitschigen Felsen schienen mich langsam zu töten. Dieser Berg wollte aus meiner unsterblichen Seele ein Häufchen Humus machen.

Als ich mich bereits mit meinem Tod abgefunden hatte, kamen wir an einer Lichtung an. Wahrscheinlich auf jenem steinernen Kopf, über den mir meine Schwester im Auto vorgelesen hatte.

Wenn Marija etwas gesagt haben sollte, so habe ich es zumindest nicht gehört. Ich konnte mir nur vorstellen, dass sie sich aufgeregt an mich wandte: »Wir sind da!« oder: »Endlich!«

Ich war blind und taub. Durchgefroren und nass bis auf die Haut, setzte ich mich auf den Boden und begann zu weinen. Ich war hierhergekommen, um mein Augenlicht wieder zu erlangen, habe aber nun mein Gehör verloren.

»Es gibt keinen Gott«, sagte ich.

Als ich das gesagt hatte, spürte ich, wie unzählige Hände nach mir griffen. Sie nahmen mir langsam den Helm ab, dann meine Jacke, erst den einen, dann den anderen Bergschuh, und sie hörten nicht auf. Sie zogen mich weiter aus. Mein Pullover wurde zerrissen, meine Hose in Stücke gefetzt, mein T-Shirt ebenso.

Ich hatte nur noch die Unterwäsche an, und dann zog mir nur ein Paar Hände ganz langsam und behutsam den Schlüpfer und den BH aus. Obwohl der April kalt war und das stürmische Unwetter so viel Regen auf meine Schwester und mich herabgeschüttet hatte, fror ich nicht. Merkwürdigerweise schämte ich mich nicht, obwohl sich die fremden Hände überall an meinem Körper entlang bewegten. Nicht nur dieses eine Paar, sondern alle Hände, die ich mir vorstellen konnte. Als wären es Hunderte, bedeckten sie jedes Stückchen meines nackten Körpers. Sie rieben mir die Wärme ein. Dann zogen sie sich plötzlich zurück, und an ihrer Stelle stürzten Zungen auf meinen aufgewärmten Körper ein und dann auch Zähne, die an meinem Hals, meinen Brüsten, meinem Bauch, meiner Klitoris knabberten. Es waren leidenschaftlich kleine Bisse, vor denen ich mich zu fürchten begann. Wenn beim ersten Mal Jesus von der Wand gefallen war, was würde nun passieren? Würde jetzt ganz Kroatien zusammenbrechen? Die gesamte christliche Welt? Die Finger, die Zungen und die Zähne versuchten, sowohl mich als auch die Zivilisation zu zerstören, so stellte ich es mir vor, aber bald verlor ich den Gedankenfaden. Ich war meine Haut, die über den Genuss gespannt war, wie das Fell über eine Trommel. Ich brauchte keinen anderen als den Tastsinn. Ich hatte einen Orgasmus und hörte, endlich hörte ich meine eigene Stimme, wie sie sich zum Himmel emporhob. Blind war ich weiterhin.

»Hörst du mich?«, fragte meine Schwester.

»Ich höre dich«, sagte ich.

Meine Stimme zitterte vor Lust.

»Habt ihr zum Opfern Männer mitgebracht?«, hörte ich unbekannte weibliche Stimmen fragen. Es war waren viele, sie kicherten.

»Ja«, sagte meine Schwester.

Ich wusste nicht, wovon sie sprach.

»Hier!«

»Was ist das?«, fragte jemand. »Das hier kommt mir sehr alt vor.«

»Der Finger von Stjepan Tomašević«, antwortete Marija, »ihr habt nicht gesagt, dass das Opfer frisch sein muss. Ihr habt nur gesagt, der Körperteil eines Mannes, ohne sein Einverständnis genommen.«

In unmittelbarer Nähe hatte jemand ein Feuer entzündet.

»Akzeptiert«, sagten die lachenden Stimmen: »Opfer ist Opfer.«

Ich spürte, dass mich jemand umarmte. Es war Marija.

»Fürchte dich nicht«, sagte sie. »Wenn das Feuer heiß genug ist, werden sie erst den Finger und dann dich hineinwerfen. Wenn das Feuer den männlichen Knochen annimmt, wirst du wieder sehen können, wenn du ihm entsteigst.«

»Und wenn er nicht angenommen wird?«, fragte ich besorgt.

»Dann wirst du glücklich sterben«, erwiderte meine Schwester.

Ich lauschte den lärmenden Frauenstimmen. Auch sie belauschten uns. Offensichtlich gefiel ihnen unser Gespräch, da einige von ihnen an Marija und mich herantraten. Sie umarmten uns und sagten, dass Schwestern nie brennen würden.

»Aber ich glaube an Gott«, rief ich stolz aus.

»Das ist dein Problem«, antworteten sie.

Ich saß zusammengekauert dort. Von all den Dingen dieser Welt würden mir nur die Pflanzen fehlen.

»Es wird Zeit«, hörte ich bald jemanden sagen.

Sie warfen den Knochen in das Feuer und schubsten auch mich hinein.

Als ich aus dem Feuer trat, lief Marija auf mich zu und umarmte mich fest. Sie weinte, als hätte sie mich lebend aus einem Sarg gezerrt. Ich schwieg. Ich dachte an Stjepan Tomašević. Jetzt, da mein Augenlicht zurückgekehrt war, wollte ich sehen, ob der ermordete König tatsächlich so klein war, wie meine Schwester es mir erzählt hatte.

Das Zentrum für Leidenschaft

A glitch is the loss of control.
Olga Gorijunova

Es gibt keine Männer mehr. Nur noch das Zentrum für Leidenschaft ist uns geblieben. Als dieser Vergnügungspark in Karlovac eröffnet wurde, vor mehr als fünfzehn Jahren, brach das ganze Land dahin auf. Das Zentrum für Leidenschaft wurde zum wichtigsten Ort für Begegnungen und Geld ausgeben. Und alle Frauen, inklusive meiner besten Freundinnen, machten mit. Der Park führte keine Steuern ab, da er als Rehabilitationszentrum registriert war, der an Skoliose erkrankten Frauen Hilfe anbot. Die Leiterin, die Kuratorin Karla L., hatte sorgfältig eine Reihe von Programmen ausgewählt, die die Besucherinnen Tag und Nacht genießen konnten. Selbstverständlich waren diese ausgesprochen konventionell. Die Medien hatten sie dennoch »revolutionär« genannt. Vor der Empfangshalle waren Stände aufgebaut, an denen Würstchen, genannt »Mädchentraum«, feilgeboten wurden. Unter den Sex Toys gab es die beliebten kleinen Chips, die die Besucherinnen unter die Haut im Unterleib platzieren ließen, für einen intensiveren Genuss, sowie Stände mit Popcorn und Zuckerwatte im allseits beliebten Rosarot.

»Ist es nicht traurig, dass wir von anderen Frauen umgeben weiterhin nur an Männer denken?«, fragte ich eine meiner Freundinnen.

»Wir trauern ihnen nach«, sagte sie.

»Aber es ist schon so lange her, nur das Zentrum für Leidenschaft hält uns in der Vergangenheit fest. Wäre es nicht an der Zeit weiterzugehen?«

»Dafür ist es noch zu früh«, antwortete sie.

Meine Freundinnen planten einen Gruppenausflug in den Vergnügungspark, und zwar am Internationalen Frauentag. In den vergangenen Jahren hatte ich es hartnäckig abgelehnt, mich ihnen anzuschließen. Anstatt mich wieder über den 8. März auszulassen, der meiner Meinung nach nichts mit dem »Mädchentraum«, künstlichen Fingernägeln und karamellisierten Äpfeln zu tun hat, sagte ich nur kurz ja. Die unerwartete Kapitulation versetzte meine Freundinnen in Erstaunen.

»Du kommst wirklich mit?«, fragten sie.

»Ja«, wiederholte ich, »es ist an der Zeit.«

Im Internet war wenig über den Park in Karlovac in Erfahrung zu bringen, auch nicht über das Vergnügen, das dort auf die Frauen wartete. Wenn eine von ihnen überhaupt etwas über ihre Erfahrungen berichtet hatte, dann handelte es sich nur um allgemeine Beobachtungen: über das Wetter, wie die Leute waren. Niemand schrieb über Details, da die Besucherinnen am Eingang eine Vertraulichkeitserklärung unterschreiben mussten. Die Kuratorin wollte die Mysterien von Eleusis nachahmen: Nur jene Frauen, die persönlich erschienen, wussten, was genau geschah und durch welche Handlungen sie in das Geheimnis von Karlovac eingeweiht wurden.

Obwohl meine Freundinnen dieses NDA unterschrieben hatten, erzählten sie mir jede Einzelheit. Auf irgendeine Art waren sie auch mir gegenüber loyal, obwohl es mir kaum klar war, warum.

Nachdem der Park eröffnet worden war, hatten sie jede freie Minute dort verbracht. Wir hatten angefangen, uns voneinander zu entfernen. Sie gingen zur Rehabilitation, ich sann auf Rache: Heimlich bastelte ich an einem Computervirus. Ich wollte eine große erzählerische Null auf Karlovac werfen, die den gesamten entstandenen Schaden tilgen würde, doch ich wusste, dass das nicht möglich war. Ich musste Nullen und Einser langsam werfen – Bit für Bit, so als würde ich ein Schamhaar nach dem anderen in die sterilen Feindesreihen werfen. Ich programmierte Tag und Nacht, um meine Freundinnen zu deprogrammieren und jede andere naive Weibsperson, die sich an diesen Ort südwestlich von Zagreb begab, um sich eine Mysterien-Dosis abzuholen und das schwer verdiente Geld dort zu lassen.

Im Park wurden sehr banale Vergnügungen angeboten. Jeder Raum hatte – wie mir meine Freundinnen erklärten – eine eigene Geschichte, in die sich die Frauen kopflos begeben konnten, da die Verwaltung des Parks in engster Verbindung mit Google und den sozialen Netzwerken stand. Über die Besucherinnen waren aufgrund der Inhalte, die sie online aufgerufen hatten, detaillierte Profile angefertigt. Die Websites, über die sie eingekauft, und die Serien und Filme, die sie heruntergeladen hatten, gehörten dazu. Diese Personalisierung war jedoch eine Lüge. Denn die Frauen waren sowohl von sich selbst als auch von den Algorithmen entfremdet.

Gleichzeitig zerstörte diese falsche Befriedigung, die der Park den Besucherinnen verkaufte, den urbanistischen Plan der Stadt Karlovac und verwandelte sie in ein Hexenhaus, bedeckt mit Kuchen und Schokolade. Jede Frau, die hierher pilgerte, war ein Hänsel, der mit Essen vollgestopft, ins Feuer geschubst und aufgefressen wurde. Den Virus, den ich programmierte, nannte ich daher Gretel.

»Du musst dich hübsch anziehen«, sagten meine Freundinnen. »Es ist wichtig, dass du glänzt.«

»Das werde ich tun«, sagte ich, obwohl ich nicht verstand, warum ich mich für die künstliche Intelligenz fein machen sollte.

L. war nicht der erste Buchstabe von Karlas Nachnamen, sondern die lateinische Zahl 50. Vor ihr hatten die Männer 49 Versionen verschiedener Karlas ausprobiert. Aber ich glaube, dass sie dann eine besondere Computersprache entwickelten, die man nicht in den Assembler Code einer niedrigen Stufe übersetzen musste. Es kamen Gerüchte auf, dass

Karla L. sich eigentlich selbst programmiert hatte, und zwar mit einer Maschinensprache, der Menschen nicht folgen konnten. Am Anfang war ich skeptisch, aber nicht jeder Klatsch und Tratsch ist unbegründet.

Ursprünglich hatten die Männer geplant, den Vergnügungspark in Duga Resa unterzubringen, aber am Ende gaben sie diesen Plan auf, da sie viel Platz für die Server benötigten. Für die Kühlung reichte der Fluss Mrežnica nicht. Karlovac, die Stadt an den vier Flüssen, war dagegen die perfekte Lösung. Unter Karlovac lag ein Labyrinth von Unterführungen und Kellern, in denen die Server untergebracht waren. Karla L. überwachte alles, einschließlich des Zentralrechners. Mein Plan war es, mich als hoffnungsfrohe und erregte Besucherin mit meinen Freundinnen in exklusivere Programme einzuloggen. Ich plante, mich dann von der Gruppe zu trennen, um meine Sabotage zu realisieren: Ich wollte Gretel in eines der Terminals einbauen, damit der Rechner sie in eine virtuelle Realität einfließen ließ, für die die Besucherinnen sehr hohe und konkurrenzlose Preise bezahlten. Paradoxerweise umfassten die VR-Pakete, die Karla L. verkaufte, kulturelle Inhalte, die uns allen gehörten. Verschiedene Märchen, Jane Austin, die Verfilmungen von Büchern und Comics, die die vorangegangenen Generationen ungestört und kostenlos genossen, waren zu exklusiven Inhalten geworden – teuer, weil sie personalisiert worden waren. Karla L. hatte die Preisliste am Niveau der Popularität orientiert: Die beliebtesten Inhalte waren die teuersten. Alle wussten, worum es in *Die Schöne und das Biest* ging, und deshalb machte Karla L. aus diesem Märchen einen sehr gefragten Inhalt. Jede Frau wünschte sich – so behauptete zumindest der Vergnügungspark – ein Biest, das sie erlösen und für die eigenen sexuellen Gelüste zähmen könnte.

»Das klingt furchtbar«, sagte ich zu meiner Freundin.

»Es ist sehr unterhaltsam«, antwortete sie. »Das Aussehen des Biestes passen sie deinen Wünschen an. Sie wissen genau, was bei dir maximale Lust hervorrufen wird, bei welchem Tier du dich emotional einbringen kannst.«

»Und intellektuell?«, fragte ich.

»Mach dich nicht lächerlich«, antwortete sie. »Niemand fährt nach Karlovac, um sich zu unterhalten.«

»Aber wie bauen sie die Erregung auf, ohne dass man sich unterhält?«

»Mit Blicken, mit lasziven Anspielungen. Mit Berührungen. Frauen sind doch nicht dumm«, sagte sie.

Mir kam es in dem Moment vor, als seien sie es doch.

»Sex ist doch für kaum jemanden die richtige Reha-Maßnahme, schon gar nicht für die, deren Rücken krumm ist«, sagte ich wütend.

»Das mit der Skoliose ist nur zur Tarnung«, sagte meine Freundin.

Ich war froh, dass dieser Park ihr das Gehirn nicht vollständig ausgewaschen hatte.

»Steuererleichterungen«, fügte sie hinzu. »Du weißt ja, wie das läuft.«

Natürlich wusste ich es. Die Kontrolle über alle Vergnügungsparks der Welt vom Typus des Zentrums für Leidenschaft lag bei demselben Konzern. Die Inhalte, die die Firma anbot, variierten von Land zu Land, und so waren angeblich die Geschichten und Situationen, die Serbinnen erregten beziehungsweise »rehabilitierten«, völlig anders gestaltet als jene, die Kroatinnen, Uruguayerinnen oder zum Beispiel Nordamerikanerinnen erregten. Je wohlhabender ein Land war, desto höher war die Qualität des Angebots, aber auch der Produktion der Inhalte. Die Lust wurde im Voraus festgelegt: Alles war kategorisiert, in Büchern vermerkt und ordentlich in verschiedenen Währungen in Rechnung gestellt.

»Du wirst schon sehen«, sagte meine Freundin, »man kann nichts vergleichen mit der Erregung, die dich erwartet. Man kann das unmöglich beschreiben.«

Am 8. März trafen wir am frühen Morgen in Karlovac ein. Es schneite, alle waren jedoch nur sparsam bekleidet. Meine Freundinnen hatten sich ihre Mäntel nur übergeworfen und staksten in High Heels durch den Schnee. Geschminkt waren sie, als ob sie zu einem Galaabend gingen und nicht in die düsteren Räume, in denen sie mit einer VR-Brille auf der Nase herumirren und imaginäre männliche Geschlechtsteile mit ihren Händen, feucht von Spucke und Schweiß, streicheln würden. Der höchste Andrang von Besucherinnen wurde an den Wochenenden und Feiertagen registriert, was die lange Schlange erklärte, die geduldig vor dem Eingang wartete.

Vor dem Haupttor wurde ein Video abgespielt, in dem Karla L. die Besucherinnen einlud, sich zu entspannen und die beste Unterhaltung der Welt zu genießen. Ihr künstliches Gesicht erfüllte mich mit Unbehagen. Sie erinnerte mich zu sehr an eine Händlerin, eine Unternehmerin, an jemanden, die mir den letzten Cent aus der Tasche ziehen würde, nur um mich zu erniedrigen.

Während ich mich dem Kassenhäuschen näherte, fing das Video an zu glitchen. Der Blick von Karla L., der mich traf, fror auf dem Bildschirm ein. Es dauerte nur so kurz, dass es beinahe unmöglich war, es zu bemerken, aber ich glaubte nicht an Zufälle. Nicht mehr. Ich war nicht paranoid, sondern auf das Schlimmste vorbereitet. Und mein Schlimmstes war wirklich grausam. Ich wandte meinen Blick zur Kassiererin, als ob nichts passiert wäre.

»Willkommen!«, wiederholte die Stimme von Karla L. »Willkommen.«

Die Besucherinnen wussten freilich nicht, dass Karla L. ein Computerprogramm war. Ich weiß nicht, ob man je öffentlich darüber gesprochen hatte. Die Medien schweigen hartnäckig. Sie sollte Frauen dazu motivieren, ambitioniert, glücklich und erfolgreich zu sein. Das Programm versprach Wunder und musste natürlich wirken, wie aus Fleisch und Blut, damit sich die Frauen leichter in deren Vision wiedererkennen konnten. Die Mission von Karla L., alle Frauen glücklich zu machen, musste natürlich wirken, um effizient zu sein. Verglichen mit ihrer Geschichte klang Gretel deviant, wie etwas, das gerade einem Höllenkrater entfleucht war. Auf jedes »süß-lustvolle«, vom Konzern produzierte Bild einer aufopferungsbereiten Frau, die erst Lust empfinden kann, wenn sie einen verwundeten, unverstandenen Mann – das Biest – geheilt hat, konnte ich nur mit einer »dreckigen«, wenig attraktiven Wahrheit antworten, und zwar, dass Liebe niemanden heilt. Die Frauen waren besessen von der Idee der romantischen Liebe, die sie von allen negativen Gefühlen befreien würde. Dabei vergaßen sie, dass Emotionen, wie etwa Angst, unentbehrlich waren, um zu überleben. Der Körper fürchtet sich aus guten Gründen.

»Entspann dich«, sagten meine Freundinnen.

Ich hatte Angst um mich, aber auch um sie. Ihre Blindheit machte mich traurig.

Karla L. war keine gewöhnliche Bösewichtin. Auch andere Frauen versuchten, sie zu hacken (ich war nicht die Einzige, die sie verachtete), aber schon bald mussten wir einsehen, dass alle Anstrengungen, sie mit Programmierungen von außen zu Fall zu bringen, vergeblich waren: Wir warfen Eier auf eine Burg aus Stein. Während ich monatelang darüber nachgedacht hatte, wie ich an sie herankommen sollte, begriff ich, dass ich einen Anschlag auf das, worauf Karla L. sich stützte – auf ihre Lügen –, anstatt auf sie selbst verüben musste. Nachdem mir bewusst geworden war, dass ich es mit einer Erzählung zu tun hatte, war alles einfacher geworden. Ich hatte weniger Angst. Wie jede hässliche Geschichte konnte ich die Zentrum-für-Leidenschaft-Geschichte korrigieren, schöner nacherzählen. In meiner Version würden die Frauen nicht mehr den Männern hinterherweinen, wenn sie kämen. Der Zentrum-für-Leidenschaft-Park warb mit diesen Tränen als Katharsis, als ein Zeichen der Heilung, meine Gretel jedoch würde sie als das entlarven, was sie wirklich waren: ein Symptom der chronischen Depression, an der das gesamte weibliche Geschlecht litt.

Als ich die Eintrittskarte bezahlte, trennte die Ordnerin mich und meine Freundinnen von der Masse der Besucherinnen. Wir hatten das volle Paket gekauft, das eine VIP-Behandlung umfasste: Wir konnten gehen, wohin wir wollten. Natürlich war diese Bewegungsfreiheit eine Lüge, denn es gab keine Möglichkeit, bis zum Server vorzudringen. Wir hatten nur in der virtuellen Realität das Recht, uns frei zu bewegen, aber nicht außerhalb davon. Man konnte nur die Kulissen sehen, nie das, was sie stützte.

»Schau mal, der Mädchentraum. Du kaufst einen, und der zweite ist kostenlos«, sagte eine meiner Freundinnen.

»Angesichts des Preises, den wir bezahlt haben, würde ich nicht sagen, dass hier irgendetwas kostenlos ist.«

»Bald wirst du so heftige Orgasmen bekommen, dass du die nächsten zehn Jahre nicht mehr ans Geld denken wirst.«

Ihre Worte klangen in meinen Ohren wie eine Drohung.

»Ich möchte nicht in der Öffentlichkeit weinen«, sagte ich.

»Du musst die eine oder andere Träne zulassen.«

Bevor es mir gelang, diese Diskussion fortzusetzen, kamen wir vor das erste der dreizehn Zimmer, die wir an diesem Wochenende besuchen sollten. Ich war nicht aufgeregt, da mir die Männer nicht im Geringsten fehlten, aber meine Freundinnen hüpften vor Freude.

»Wir starten langsam«, hörte ich die Stimme von Karla L. aus einem kleinen Bildschirm in der Nähe der Eingangstür sagen.

Im ersten Zimmer empfing uns eine historische Romanze. Ich glaube, dass Karla L. einen Bestseller von Julie Garwood oder von Judith McNaught, ich bin mir nicht ganz sicher, adaptiert hatte. Mein Virus sollte jede Besucherin dieses Raums in eine Dienerin verwandeln, die stundenlang eigenhändig den Peniswärmer eines Adeligen wäscht. Ich freute mich, während ich mir diese Wendung vorstellte, aber bevor ich es schaffte, über meinen eigenen Einfall zu lachen, umkreisten mich meine Freundinnen. Zwei von ihnen hielten mich an den Händen, und die dritte holte von irgendwoher einen kleinen Chip und steckte ihn mir hinter das Ohr. Ich sah sie erstaunt an.

»Was macht ihr denn?«, fragte ich nervös.

Meine Freundinnen waren ebenfalls Programmiererinnen. Zwei von ihnen arbeiteten bei Google, und die dritte war im Innenministerium beschäftigt. Alle drei waren in ihrer Studienzeit Hackerinnen gewesen. Ich dachte, dass ihnen ihre Vergangenheit peinlich war, aber offensichtlich hatte ich mich geirrt.

»Muss man diesen Chip nicht in der Nähe der Genitalien implantieren?«, fragte ich.

»Diesen nicht«, flüsterte eine von ihnen.

Sie zwinkerte mir zu.

Gleichzeitig legte sie ihren Finger auf die Lippen. Ich sollte schweigen. In dem Raum war es ziemlich dunkel, aber ich konnte erkennen, dass sie sich Uhren um ihre Handgelenke legten. Auch ich bekam eine Uhr umgelegt.

»Danach gehen wir sofort in das dreizehnte Zimmer, in die Geschichte von der Schönen und dem Biest.«

Ich wollte Gretel aus meiner Hosentasche holen, aber meine Freundinnen schüttelten ihre Köpfe. Sie führten etwas im Schilde. Ich war erregt. Ich berührte den Chip hinter meinem Ohr. Meine Freundin lachte.

»Entspann dich«, sagte sie sehr laut. »Wenn der Sex ausgezeichnet ist, wird alles andere unwichtig, oder?«

»Du hast Recht«, sagte ich noch lauter.

Zugegeben, ich kam, aber ich freute mich nicht darüber. Es war schwierig, mich auf meine Aufgabe zu konzentrieren, während die Klitoris das Hauptwort führte: Meine Seele war in sie hineingerutscht. Mein Anus pulsierte, da sich die virtuelle Realität auch mit ihm beschäftigte. Sehr aktiv. Sie diskriminierte keine der Öffnungen und Nervenendungen. Karla L. war sehr gründlich. Das musste ich ihr lassen.

Als man uns in den Raum führen wollte, der chronologisch als nächster dran gewesen wäre, stoppten meine Freundinnen die Hostess und sagten ihr, dass wir sofort in den letzten Raum gehen wollten.

»Unsere Freundin ist zum ersten Mal hier, und wir möchten, dass sie nur das Beste erlebt. Heute ist ihr Geburtstag.«

Sie logen überzeugend, und die Hostess glaubte ihnen: »Erlaubt mir bitte nur, dass ich es Karla L. melde«, sagte sie.

»Natürlich!«

Meine Freundinnen waren brillant. Sie kamen häufig in das Zentrum für Leidenschaft und endlich begriff ich, warum. Sie hatten so viele Male unter den wachen Augen von Karla L. geschluchzt, dass sie ihr nicht im Geringsten verdächtig vorkommen konnten.

»Du bist unser Trojaner«, sagten sie leise, während wir darauf warteten, dass die Hostess mit einer Antwort zurückkehrte. »Hab bitte Geduld.«

Ich vertraute ihnen, doch es war sehr schwer, mich nicht meiner Traurigkeit hinzugeben. Sie war allumfassend und schien mir realer als alles andere zu sein.

»Geht in Ordnung«, sagte die lächelnde Hostess, als sie zurückkam. »Karla L. stimmt der Veränderung des Ablaufs zu. Kommt bitte mit.«

Wir begleiteten sie bis zu einer Plüschtür. Bereits diese Tür wirkte so, als ob eine Frau dahinter zum Höhepunkt kommen konnte. Sie wirkte weich wie ein Stecknadelkissen.

Karla L.s Begrüßung empfing uns auf dem Monitor zur Linken: »Willkommen«, sagte sie.

Das war keine im Voraus aufgezeichnete Begrüßung.

»Eure Freundin feiert ihren Geburtstag?«

»Ja«, antworteten sie.

»Es scheint, dass ein Fehler vorliegt, denn ich habe keine Information darüber, dass sie am Internationalen Frauentag geboren ist.«

»Das ist unser interner Scherz. Wir feiern ausschließlich Geburtstage, die wir uns selbst ausgesucht haben. Ich zum Beispiel«, sagte meine Freundin, »bin im Februar geboren, aber meinen Geburtstag feiere ich im Juli.«

Es existierte keine digitale Spur unseres Scherzes, und das verwirrte Karla L. Alles hatte eine Spur. Alles.

»In Ordnung«, sagte sie, hörte sich jedoch skeptisch an.

Sie wünschte mir alles Gute zum Geburtstag, und unsere Blicke trafen sich wieder, aber dieses Mal behielt Karla L. die vollständige Kontrolle über ihren Code.

»Viel Spaß!«

Wir gingen eine nach der anderen in den Raum. Sobald sich die Tür hinter uns schloss, ersetzten meine Freundinnen den Chip hinter meinem Ohr durch einen anderen.

»Wir haben nicht viel Zeit«, sagten sie. »Zieh ihre Aufmerksamkeit auf dich. Viel Erfolg!«

»Wartet auf mich!«, rief ich ihnen zu, aber sie konnten meine Stimme nicht mehr hören.

Was hatte dieses »Zieh ihre Aufmerksamkeit auf dich« zu bedeuten? Mir war zum Heulen zumute. Nie würde ich wegen eines Mannes weinen, aber ich wurde schwach, wenn es um meine Freundinnen ging. Nichts bestätigte mir mehr, dass ich eine Frau bin, als die komplizierten und oft schwierigen Beziehungen zu anderen Frauen. Vielleicht konnte das meinen Impuls erklären, sofort und ohne nachzudenken ihren Plan zu akzeptieren, in den ich nicht eingeweiht war. Ich hatte fleißig an Gretel gearbeitet, aber als ich zwischen meiner eigenen Vision und der Freundschaft wählen musste, schien es, als hätte Gretel aufgehört zu existieren. Es genügten zwei freundliche Worte, um mich zum Aufgeben zu bewegen.

Während ich darauf wartete, dass der Computer die Szenographie und meinen Avatar generierte, hoffte ich, dass mich meine Unüberlegtheit nicht den Kopf kosten würde. Nicht nur, dass ich nicht wusste, was meine Freundinnen mit mir vorhatten, ich konnte auch nicht wissen, was Karla L. mit mir anstellen würde.

Ich vermutete, dass der Grund, warum meine Freundinnen mich nicht in ihren Plan eingeweiht hatten, meine Unfähigkeit zu lügen war. Mein Gesicht verriet jede Absicht, jeden hässlichen oder schönen Gedanken. Karla L. würde mich mit Leichtigkeit durchschauen. Zugegeben, bisweilen war ich allzu direkt für die politischen Spielchen, auf die sich die Angestellten des Ministeriums und von Google tagtäglich einlassen mussten, aber hatte ich nicht doch einen diskreten Hinweis verdient? Ich stand völlig verloren im Vorraum der virtuellen Realität. Es war, als würde das Zentrum für Leidenschaft das Schlimmste aus uns herausholen. Ich fragte mich, von wo aus Gefahr wohl am ehesten drohen könnte. Es gab keine Männer mehr, aber ihr Schatten war noch da. Manchmal verschwanden die Umrisse der weiblichen Gesichter in diesem riesigen Schatten. Hier und da schien es, dass jene Frauen, die an die Macht gekommen waren, den Männern ähnlich geworden waren. Doch meine Freundinnen waren es ganz bestimmt nicht.

Die Welt ohne Männer war nicht die Utopie, die wir uns erträumt hatten. Nachdem das gesamte männliche Geschlecht an Syphilis erkrankt und gestorben war, war den Frauen zunächst ein Stein vom Herzen gefallen, aber sehr bald schon luden sie sich ihn auf den eigenen Rücken, und zwar mit Hilfe des Zentrums für Leidenschaft. Dieser Vergnügungspark war eine Idee, die das letzte Stadium des männlichen Wahnsinns krönte. Doch von den Frauen wurde er angenommen als die schönste Erinnerung an das ausgestorbene Geschlecht. Sie beugten sich unter der Last dieses banalen Epitaphs.

Es gab kein Medikament gegen Syphilis, da das Bakterium *Treponema pallidum* bis zur Unkenntlichkeit mutiert war. Keine Frau war von der tödlichen Seuche betroffen gewesen, aber der Wahnsinn hatte sich auch unter uns ausgebreitet. Manchmal sind kranke Ideen gefährlicher als bakterielle Infektionen. Karla L. wusste das ganz genau. Äußerlich wurden die Frauen von ihrem Optimismus angesteckt, innerlich kämpfen sie gegen das schlechte Gewissen, da sie sich mit dem mutierten Treponema identifizierten: Sie waren jene Spirochäten, die durch Sex das männliche Geschlecht getötet hatten. Je häufiger sie das Zentrum für Leidenschaft besuchten, desto überzeugter waren sie von ihrer eigenen Schuld. Hatten die Männer nicht jahrhundertelang über das lange weibliche Haar geschrieben? Hatten sie die Frauen nicht als eine Krankheit beschrieben, der sie nicht widerstehen konnten? War vor diesem Hintergrund ihre Misogynie nicht berechtigt? Frauen weinten und hatten Orgasmen, hatten Orgasmen und weinten. Und so vergingen beinahe zwanzig Jahre. Ich wollte ihnen helfen, endlich ihre Trauerarbeit beenden zu können. Es schien, dass meine Freundinnen mir zuvorgekommen waren.

Als die Realität endlich hochgeladen wurde, sah ich mich um. Ich befand mich in einem Garten voller Rosen. Da ich die klassische Version dieses Märchens gelesen hatte, war ich nicht überrascht. Es galt, die Rose zu pflücken, um dadurch das Biest herbeizurufen. Allerdings war mir nicht klar, ob ich hier die Schöne oder das Biest war. Bevor ich mich traute, den Dornenbusch zu berühren und die Wahrheit zu erfahren, ging ich in der Umgebung spazieren und bemerkte bald, dass das Schloss aus der Geschichte durch ein modernes einstöckiges Gebäude mit großen Fenstern ersetzt worden war. Vor dem Haus war ein Swimmingpool. Die Sonne schien. Ich trug einen Badeanzug und hatte ein Strandlaken um die Schulter gelegt. Nichts in dieser Welt entsprach meinem Geschmack.

Ich riss plötzlich eine Rose ab und stach mich an den Dornen. Im Busch tauchte Karla L. auf. Ich hatte sie erwartet, aber dennoch zuckte ich zusammen, als ich sie erblickte. Sie sah aus wie eine mit Zuckerglasur überzogene Frau. Sie erinnerte mich an einen kandierten Apfel.

»Welche von uns ist das Biest?«, fragte ich sie sogleich.

Ich wollte es wissen, aber Karla L. lächelte nur geheimnisvoll und zuckte mit den Schultern.

»Kannst du mir wenigstens sagen, wieso keine von uns ein Mann ist?«

»Vielleicht hat der Chip, den dir deine Freundinnen gegeben haben, damit etwas zu tun.«

»Was für ein Chip?«, fragte ich. »Ich weiß nicht, wovon du sprichst.«

Sie trat an mich heran und nahm den Chip hinter meinem Ohr hervor.

»Dieser hier.«

Sie rieb ihn mir unter die Nase.

»Den haben sie mir gegeben, um den Orgasmus zu verstärken. Ich war noch nie hier, und so weiß ich nicht, wie es üblicherweise läuft.«

Karla L. grinste erneut. Den Chip schob sie sich in den BH.

»Versuche gar nicht erst, dich herauszureden. Ich kenne die Frauen sehr genau«, sagte sie. »Der Betrug ist in eure DNA eingeschrieben.«

Ihre Antwort ließ mich sofort erkennen, wer von uns das Biest war.

»Ich bin als Mann geboren«, sagte ich, »deine Theorie ist damit hinfällig.«

»Warum würde sich irgendjemand wünschen, eine Frau zu werden? Das ist wirklich dumm.«

»Du bist doch auch eine Frau«, antwortete ich.

»Das ist nur ein Avatar«, sagte sie und winkte ab.

»Wie siehst du aus, wenn du kein Publikum hast?«, fragte ich.

Ich erwartete, dass Karla L. in diesem Augenblick eine andere, eine männliche Gestalt annehmen würde, aber sie ließ nicht von ihrer Fassade ab.

»Das ist völlig unwichtig«, antwortete sie.

Jetzt zuckte ich mit den Schultern. Ich spielte die Gleichgültige. Ich hatte Angst.

»Schade, dass der Plan deiner Freundinnen nicht aufgehen wird«, sagte sie.

»Ich weiß nicht, was das für ein Plan gewesen sein soll, aber ich bezweifele, dass er irgendetwas mit dir zu tun hatte.«

»Unsinn«, sagte Karla L., »alles im Zentrum für Leidenschaft hat mit mir zu tun.«

Ich wusste nicht, was genau meine Freundinnen mit mir geplant hatten, aber ich wollte nicht, dass die künstliche Intelligenz es durchschaute. Ich wollte nicht, dass sie meine größte Schwäche entdeckte.

»Sie wollten dich ausnutzen«, hörte ich sie sagen.

»Schon möglich.«

Gretel steckte in meiner Tasche, aber da ich in dieser Realität fast nackt war, konnte ich die Tasche nicht finden. Es ärgerte mich, dass ich nicht früher daran gedacht hatte.

»Warum bist du erst jetzt in den Park gekommen?«, fragte Karla L.

Ihre Neugier überraschte mich.

»Du weißt doch nicht alles.«

»Doch, ich weiß alles«, sagte sie wütend, »aber ich möchte es aus deinem Mund hören.«

»Die Zeit ist gekommen.«

»Die Zeit ist gekommen, wofür?«, fragte sie.

»Um dich zu töten«, antwortete ich.

Karla L. lachte. Sie hatte keine ehrliche Antwort erwartet.

»Du siehst, dass nicht alle Frauen lügen«, sagte ich.

»Du bist keine Frau«, sagte Karla L.

»Wäre ich keine Frau, dann wäre ich tot.«

Das brachte sie kurz zum Schweigen.

»Wenn du als Mann geboren worden bist, kannst du keine echte Frau sein.«

Ein krampfhaftes, nervöses Lachen entfuhr mir.

»Warum lachst du so, hör auf«, sagte Karla L.

Meine Angst ging langsam in Wut über. Ich erinnerte mich an die Schamhaare. Bit für Bit, sagte ich zu mir selbst, Bit für Bit. Ich musste sie überlisten, das war alles. Ich versuchte sie mit meinem Gerede abzulenken.

»Wenn ich keine echte Frau bin – und ein toter Mann bin ich auch nicht, was bin ich dann?«

»Ein Rätsel«, sagte Karla L.

»Waren Frauen nicht immer schon ein Rätsel für die Männer?«

»Ich bin kein Mann«, sagte die künstliche Intelligenz.

»Aber deine Vorurteile über Frauen sind definitiv männlich. Warum wäre ich sonst im Badeanzug?«, fuhr ich fort. »Warum würde ich so aussehen?«

»Weil du es dir so wünschst«, antwortete Karla L.

»Hier ist nichts nach meinem Geschmack, nichts entspricht meinen Wünschen«, sagte ich. »Das hier ist eine fremde, billige Fantasie.« Ich wirkte monströs auf sie. Ich sah, dass sie meine Worte nicht vollständig verstehen konnte.

Sie fror ein und fand nur mit Mühe zurück ins Gespräch. »Was wünschst du dir?«, fragte sie.

»Das, was auch jede andere Frau sich wünscht.«

»Fehlen dir die Männer? Wünschst du dir sie zurück?«

»Nein«, sagte ich.

»Was wünschst du dir dann, was wünschen sich die Frauen?«, fragte Karla L.

»Wir wollen die Männer endgültig begraben«, hörte ich meine Freundinnen sagen.

Karla L. schaute sich panisch um. Weder sie noch ich konnten sie sehen.

»Das ist unmöglich!«, schrie Karla L.

Wir standen beide in derselben Dunkelheit. Ich kam ihr ganz nahe. Karla L. zog sich einen, dann zwei Schritte zurück. Jetzt stand sie dicht an der Rose und den gefährlichen Dornen.

»Die Männer sind vor langer Zeit gestorben. Es ist nicht nötig, dass ihnen die Frauen jeden Tag nachweinen. Wir waren lange genug traurig.«

»Aber die Frauen sind verrückt nach dem Zentrum für Leidenschaft«, sagte Karla L. »Die Frauen lieben mich!«

»Die Frauen hassen das Zentrum für Leidenschaft«, sagten meine Freundinnen.

Ich griff nach ihrem Hals, während sie abgelenkt war.

Ich weiß nicht genau, was meine Freundinnen daraufhin taten. Ich nehme an, dass der Chip, den sich Karla L. in ihr Dekolleté geschoben hatte, etwas mit der ganzen Intervention zu tun hatte. Später, als alles vorbei war, bat ich die Freundinnen, mir zu erklären, was passiert war.

»Wie habe ich es geschafft, Karla L. zu erwürgen?«, fragte ich.

»Das ist ein Staatsgeheimnis«, sagte die Freundin, die im Ministerium arbeitete.

Am Ende war ich tatsächlich ihr Virus. Ich hatte Gretel programmiert, aber schließlich selbst ihre Rolle gespielt.

»Die Biologie hat die Technologie besiegt. Wie ist das möglich?«, fragte ich weiter.

»Eine Information ist eine Information. Es gibt keinen wesentlichen Unterschied zwischen Biologie und Technologie«, sagte die Freundin, die bei Google arbeitete.

Ich kam mir etwas dumm vor. Ihr Ton war jovial.

Jetzt gab es keine Männer mehr, aber auch kein Zentrum für Leidenschaft. Wir konnten wieder von vorne anfangen. Das meinten zumindest meine Freundinnen. Über uns prangte kein falsches Dach aus Süßigkeiten mehr. Wir waren von nackten Wänden und erschöpften Frauen umgeben, die sich daran anlehnten. Einige der Besucherinnen lagen auf dem Boden, und wir mussten über sie steigen, um zum Ausgang zu gelangen. Wir bibberten vor Kälte.

»Ihnen wurde die erste Dosis Antibiotikum verabreicht«, sagte eine meiner Freundinnen. »Es wird alles gut werden.«

»Wir haben gesiegt«, fügte eine andere hinzu.

Ich teilte ihren Optimismus nicht. Ich betrachtete die weinenden Frauen, über die wir stiegen, und sagte, als wir am Parkplatz angekommen waren: »Es ist schwer, das Gefühl der Traurigkeit abzustellen, als wäre es ein Computer.«

Meine Freundinnen taten so, als hätten sie mich nicht gehört.

Mama

Die eigene Mutter von hinten zu missbrauchen, sei nicht gut, da sich von jenem, der davon geträumt hat, die Mutter, die Heimat, der Beruf oder irgendetwas anderes, was ihm wichtig ist, abwenden, er es verlieren würde, so hatte es Ivor gelesen. Er legte seinen Kopf auf den Schreibtisch. Der Autor, von dem das stammte, dieser verfluchte Artemidor von Daldis, hatte in seinem Werk *Traumdeutung* beobachtet, dass es von allem »am verhängnisvollsten sei, von der eigenen Mutter oral befriedigt zu werden«. Und Ivor hatte genau davon geträumt: von der eigenen Mutter auf den Knien. Im Traum hatte er Mamas Namen wie ein Mantra wiederholt: Lidija, Lidija, Lidija! Er war jählings aufgewacht, aber zum Glück war er nicht gekommen. Seine Niedertracht war nicht vollständig gewesen. Artemidor hat lange vor Freud geschrieben, aber sein Ton war ebenfalls anklagend: Die eigene Mutter zu ficken, war auch im zweiten Jahrhundert nicht anständig. Fremde Mamas gingen in Ordnung, natürlich, aber die eigene musste man sich verkneifen. Das Schlimmste war, dass Ivor seine Mutter verachtete, bisweilen so intensiv, dass er sich selbst dafür hasste.

Lidija und er hatten ihre Routine: Sie pflegten zusammen die Šaban-Zahirović-Straße rauf und runter zu flanieren. Sie in ihrem Pelzmantel, mit Föhnfrisur, er mit leicht gebeugtem Rücken, als wäre er ihr Page und nicht ihr Sohn. Eigentlich wirkten sie wie ein Ehepaar. Ihm war es unangenehm, aber er machte bei diesem Spiel mit. Lidija legte Wert darauf, einen gehorsamen Sohn zu haben, der auf jedes ihrer Worte sprang und der darauf achtete, sie weder in der Schule noch auf der Straße zu blamieren. Ihm war es wichtig, seine Mama zu haben. Er wollte sie nicht mit der wilden Sensibilität eines künftigen Schriftstellers verärgern. Er würde sich sowieso in seinen Romanen an ihr rächen, so zumindest plante er es. Deshalb ertrug er sie.

Wochenlang träumte Ivor von nichts anderem als seiner Mutter. Hätte sich die Gesellschaft nicht schon längst von ihm abgewandt, würde er sich wegen Artemidors abergläubischem Gelaber über die negativen Folgen von inzestuösen Träumen Sorgen machen. So war er entspannt, da es nicht schlimmer war als das Leben mit Lidija. Er musste ihr vor dem Schlafengehen das Haar kämmen, ihre Beine und Füße massieren. Er half ihr beim Anziehen. Er brachte ihr Tee. Er seifte ihren Rücken in der Badewanne ein, obwohl sie noch nicht einmal fünfzig war. Sie war absolut fähig, all das allein zu bewerkstelligen. Er fragte sich, wann sie anfangen würde, von ihm zu verlangen, ihr den Hintern abzuwischen und ihre Binden zu wechseln.

In seinem Zimmer (das man nicht abschließen konnte) war Ivor bei seinen sexuellen Heldentaten ganz still. Er kam immer ins Toilettenpapier, leise, sehr leise, und warf es dann ins Klo. Es war wichtig, nicht die geringste Spur einer Erregung zu hinterlassen; eine solche hätte Lidija gewittert wie ein Jagdhund. Er fürchtete sich davor, dass sie ihm den Kopf abreißen und ihn auf die Straße setzen würde. Er studierte fleißig Literatur, ging mit der Mutter spazieren, träumte nachts davon, wie Mama ihn oral befriedigt, und so vergingen seine Tage. Aber dann hörten die inzestuösen Träume unvermittelt auf. Nicht Mama, sondern eine andere Frau kniete nun vor ihm. Eigentlich keine Frau, eher ein Mädchenwesen: Es hatte Hörner und große Rehaugen. Sein Glied verschwand im Maul dieses Wesens, es war so groß, dass es ihn ganz verschlucken konnte. Das Mädchen war ein Raubtier, das war eindeutig, aber ein zartes Raubtier, das seine Leber und seine Milz erst herausreißen würde, nachdem es ihn vollständig befriedigt und erschöpft hatte. Das waren glückliche Träume, und Ivor wachte entlastet auf, ohne schlechtes Gewissen, seine Mama durch ein anderes Monster ersetzt zu haben.

Lidija erzählte nie von Ivors Vater.

»Er war ein Säufer, er starb so, wie er gelebt hat, wie ein Hund.«
Ivor hatte nur einmal ein Foto des Vaters gesehen, ganz zufällig. Er hatte sofort bemerkt, dass er ihm nicht ähnelte. Er war auch seiner Mutter nicht ähnlich. Allerdings wusste er, dass er nicht adoptiert war, da Lidija ihm bestimmt eine solche fehlende Zugehörigkeit jeden Tag als schlimme Beleidigung unter die Nase reiben würde. Sie hatte ihn nie einen Bastard genannt. Manchmal sah er auf ihrem Gesicht einen Ausdruck von Ekel, aber auch von Angst. Er konnte sich das nicht erklären.

Sein Vater war unter merkwürdigen Umständen gestorben: Er hatte sich besoffen und ertrank dann in einer schmutzigen Pfütze, die ihm nicht einmal bis zum Knöchel reichte. Ivor hätte Mamas Verachtung verstanden, wäre er zufällig ein Abbild seines verstorbenen Papas gewesen. Aber nichts an seinem Gesicht erinnerte an diesen toten Mann. Vielleicht fand Lidija den Akt, in dem sie ihn empfangen hatte, abstoßend?

Bisweilen zog Ivor Mamas Kleidung an, doch das war zu erwarten gewesen: Er wollte in Lidijas Haut schlüpfen, ihr Verhalten verstehen, ihre Ablehnung Männern gegenüber begreifen, denen sie ein »degeneriertes Begehren« vorwarf. Er stülpte sich Mamas BH über, dann den Pelzmantel und stolzierte so durch die Wohnung und vor dem Spiegel. Er unterhielt sich mit sich selbst, wobei er ihre Stimme nachahmte. Sobald Lidija mit ihren Freundinnen zum Kaffeetrinken ausging, holte er sofort ihren Schmuck und ihre Kosmetik hervor. Wenn er geschminkt war, sah er ihr am ähnlichsten. Er fand Trost darin.

Lidija ließ ihn nicht gerne aus dem Haus, so dass er andere Menschen heimlich treffen musste. An der Uni hatte er einige gute Freundinnen, mit denen er sich anregend über Byron unterhielt. Alle seine Kommilitoninnen waren in ihn verliebt. Er wollte, dass ihn auch seine Mama liebte, zumindest ein wenig, doch sie hatte schon vor langer Zeit ihr Literaturstudium beendet. Ihre Wege hatten sich nicht gekreuzt.

Ein großes aufgerissenes Maul. Zwischen scharfen Zähnen schäumende und zähe Spucke. Das Wesen lässt seine schwarze, verzweigte Zunge über Ivors Glied gleiten. Er hält es an den Hörnern fest und fickt es in den Mund. Er blickt nach unten und sieht das eigene Abbild in den Augen des Raubtiers. Das Toilettenpapier reicht nicht aus für jeden Orgasmus mit dieser Gestalt mit spitzen Hörnern und weichem Gaumen. Er wacht verschwitzt auf. Aus seiner Nase rinnt Blut. Vermutlich ist er im Traum gekommen und hat dabei geweint. Er steckt die Unterhose in einen Gefrierbeutel und wirft sie auf dem Weg zur Fakultät in einen Müllcontainer.

Sein Vater ist tot. Was soll er mit Mama anfangen? Es gibt keinen Grund, irgendetwas nicht mit ihr zu tun, aber Lidija will es nicht. Ivor verliert langsam die Nerven. Bald wird er seine Masterarbeit abschließen und von zu Hause fortgehen. Eine Mama, die ihn nicht oral befriedigen kann, ist keine gute Mutter. Eine solche Mutter braucht er nicht.

Mit seinen Kommilitoninnen sitzt er im Zug. Die ganze Fakultät für Literatur unternimmt einen Ausflug. Er sitzt mit fünf Mädchen in einem Abteil. Alle begehren ihn. Er wünscht sich aber keine von ihnen. Sie haben kleine Münder, in die nichts passen würde.

Der Zug fährt langsam. Ivor sieht, wie aus dem Wald auf der anderen Seite der Schienen langsam das Wesen auftaucht, von dem er träumt. Statt auf sein Maul zu schauen, blickt er auf seinen Körper. Er spürt sein Geschlecht, als würde er es mit der Hand betasten: clitoris, labia majora pudendi, labia minora pudendi, vulva, vagina, cervix uteri, uterus. Auch er ist einst von einem solchen Ort gekommen, aber nicht mit dem Zug. Er betrachtet diese Bestie mit großem Verlangen. Das mädchenhafte Wesen kehrt zurück in den Wald und verschwindet im schattigen Dickicht. Seine Erektion versteckt Ivor mit einer Byron-Ausgabe vor den Blicken seiner Kommilitoninnen.

Als er vom Ausflug nach Hause kommt, ist Ivor entschlossen: »Erzähl mir von meinem Vater!«, befiehlt er.

Lidija weigert sich hartnäckig. Er greift ihr grob ins Gesicht und wiederholt: »Erzähl mir von meinem Vater!«

Lidija schweigt erschrocken. Er wirft sie auf die Couch. Er ist kurz davor, sie zu vergewaltigen, das spürt er ganz deutlich. Mama ist außer sich, als sie sieht, wie er seinen Gürtel aufschnallt.

»In Ordnung«, sagt sie.

Ivor geht auf die Knie.

»Erzähle von Anfang an.«

»Dein Anfang war unser Ende«, sagt Lidija: »Alles fing verkehrt an.«

Seine Mama weint. Von ihren Tränen bekommt er eine Erektion. Vielleicht wird er keinen Roman schreiben müssen, um ihr Schaden zuzufügen.

»Du bist nicht mein Sohn«, sagt Lidija.

Ivor meint, dass Mama sich an ihm rächen will. Sie verleugnet ihn.

»Nein, du verstehst das nicht. Du bist nicht mein Kind. Ich habe dich nicht geboren.«

»Wie?«, fragt Ivor.

Er spürt erneut, dass das Blut aus seiner Nase dringt. Er stopft ein Stück Papiertaschentuch in seine Nase.

»Ich kann keine Kinder haben«, sagt die Mutter.

»Und mein Vater?«

»Er ist nicht dein Vater.«

Seine Mutter wendet sich von ihm ab. Artemidor von Daldis hatte also Recht.

Schluchzend erzählt Lidija Ivor vom Tag seiner Geburt: Nach ihrer fünften Fehlgeburt hatte der Vater angefangen zu trinken. Er trank ununterbrochen. Er verlor seine Arbeit. Er trank noch mehr. Er versuchte kurz aufzuhören. Als er ins Delirium tremens fiel, musste der Notarzt kommen. Er benahm sich wild, er sagte, er sehe den Teufel. Er schlug mit den Fäusten gegen die Haustür. Er schrie. Als er endlich ins Krankenhaus eingeliefert wurde, brachten ihr die Sanitäter Papiere, die sie unterschreiben musste. Sie sagten ihr, dass ihr Mann die ganze Zeit während der Fahrt im Krankenwagen behauptet hatte, kleine Kinder zu sehen, die ihm zuwinkten. Sie seien auf die Straße gekommen, um ihn zu begrüßen. Es war in der Nacht, einer der Sanitäter schaute durch das beschlagene Fenster des Wagens. Auf der Straße war niemand. Sie fuhren am Stadtfriedhof vorbei.

»Es hat lange gedauert, bis er gesund geworden ist. Aber ich habe ihn nicht besucht. Er halluzinierte.«

Ivor schweigt. Unter seinem T-Shirt trägt er Mamas BH. Er schwitzt.

»Nach zwei Wochen haben sie ihn aus dem Krankenhaus entlassen. Er kam zu Fuß nach Hause. Als ich die Tür öffnete, hielt er dich an der Hand.«

»Das ist unser Sohn Ivor«, sagte er.

»Wir haben keinen Sohn«, erwiderte ich. »Wem gehört dieses Kind?«

»Uns.«

»Wem hast du das Kind weggenommen?«

»Ich habe ihn niemandem weggenommen. Ich habe ihn bekommen. Es gab auch andere Kinder, aber Ivor gehört uns. Er hat mir am längsten zugewunken.«

Die Entführung

»Gott hat uns Hände gegeben,
deshalb müssen wir arbeiten.«

Sie versuchten dreimal, mich zu befriedigen. Es klappte nicht. Es war schwierig, ihnen klarzumachen, was Befriedigung für uns bedeutet. Ich versuchte, mit den Händen meinen Körper zu beschreiben, aber das gelang mir natürlich nicht. Sie betrachteten meine Handflächen. Es ist nicht möglich, die weibliche Physiognomie durch Gesten zu erklären, doch es kam mir so vor, als verstünden sie nicht einmal die Hände. Wozu dienen sie? Wozu gibt es sie überhaupt?

Ich überspringe jetzt erst einmal die Erklärung, wie sehr ich mich bemühen musste, meine Residency auf der Weltraumstation Wintersonne zu bekommen, wie viele Menschen ich anrufen musste, um ihnen zu erläutern, dass mich der Schriftstellerverband schon seit Jahren nur in die Alpen und auf den Mars schickt, wo ich schon hundertmal war. Wir schrieben alle auf die gleiche Art: unendlich lange Bücher, in die wir immer neue Personen und Werbung hinzufügten. Ich wiederholte mich allerdings ständig, da ich an immer denselben Orten verweilte, es fehlte mir an Inspiration, sämtliche Protagonisten ähnelten sich, sie hatten nur andere Namen. Und natürlich behaupteten sie im Verband, dass es sich nicht lohne, mich anderswo hinzuschicken, wenn ich nicht einmal auf der Erde genügend Begabung zeigen würde. Leider entwickelte sich meine Sexualität ebenfalls dieser Reduktion entsprechend, vorwiegend in der Einsamkeit hoch in den Alpen oder auf dem Mars, gequetscht zwischen die Werbeslogans und Brands, die mir nichts bedeuteten. Einige Privatunternehmer engagierten uns gelegentlich und ließen uns schwarz Anzeigen schreiben, um diese »unbemerkt« in unsere unendlichen Erzählungen einzubauen, da sie in dem Fall keine Provision an den Schriftstellerverband abführen mussten. Als Vorbild nannten sie uns regelmäßig einen Autor, der seinerseits zwei identische Bücher über ein Gewürz verfasst hatte, das es nicht mehr gab. Über etwas, das Wegeta oder Vegeta hieß, wenn ich mich nicht irre. Er hatte nur den Titel geändert.

»Zwei identische Bücher«, sagte die Frau vom Verband. »Stellen Sie sich vor, was für ein Genie dieser Mann war!«

Wegeta gab es nicht mehr, aber das Marketing für dieses Gewürz hatte Bestand, dachte ich. Natürlich sagte ich das nicht, da ich mir wirklich wünschte, zur Wintersonne zu kommen, und dorthin schickte man nicht die, die sich beschweren und sich für die gewerkschaftlichen Rechte von Schriftstellern einsetzten. Wir hatten unseren Verband, aber dieser Verband war ein Fiasko, das den Ordnungskräften dazu verhalf, nachverfolgen zu können, wer von uns Aufträge über ungewöhnliche Kanäle bekam und Honorare auf ein schwarzes Konto einzahlte. Das schwarz verdiente Geld gab ich vorwiegend für neue Zähne aus und für Bordellbesuche.

Meine Geschichte entglitt mir in einem Moment, ich weiß selbst nicht warum, zum Thema »Schwarzer Tod« und dem verstärkten Sexualtrieb bei jenen Menschen, die an der Pest starben. Aus dem Verband kam sofort die Warnung, ich möge darauf achten, worüber ich schreibe, da es unmöglich war, eine passende Werbung in einen unangemessenen Inhalt einzubauen, aber ich schaffte es nicht aufzuhören, ausschweifende Szenen zu beschreiben, in denen die Menschen unablässig kopulierten, da sie vom pathologischen Wunsch nach ewigem Leben infiziert waren. Sie machten auch vor Vergewaltigung keinen Halt. Ich wusste viel über pathologisches Begehren, aber ich konnte darüber nicht öffentlich sprechen, da die Unternehmen kaum bei mir inserierten, und das

Bestehen auf dieses deviante Verhalten würde mich in den Abgrund führen. Deshalb schrieb ich die Sexszenen und löschte sie wieder, schrieb und löschte, bis ich nicht mehr unterscheiden konnte, was davon tatsächlich unpassend und was Bestandteil meines Handwerks war. Die Texte, die wir massenhaft produzierten, waren sowieso unlesbares Zeug. Was meine fehlende Begabung anging, so unterschied ich mich nicht wesentlich von anderen, aber ich verdiente weniger.

Ich weiß deshalb nicht, dank welchen Wunders ich zur Wintersonne gelangte, da sich meine Fähigkeit zu schreiben in der Zwischenzeit nicht im Geringsten verbessert hatte. Ich glaube, dass jemand aus dem Bordell mich protegiert hatte, vielleicht ein Schriftsteller-Kollege, der sich ebenfalls ständig zensieren musste, um nicht vollständig ohne jeden Auftrag zu bleiben. Ich packte meine Sachen mit Lichtgeschwindigkeit zusammen und erlaubte es mir, mich zu freuen. Ich wartete darauf, dass mir jemand aus dem Schriftstellerverband gratulieren würde, aber niemand meldete sich.

Als sie zum ersten Mal versuchten, mich zu befriedigen, verstand ich nicht sofort, was sie wollten, da sie mich am Rücken berührten. Mit etwas Metallenem fuhren sie mir über das Rückgrat. Sie klopften meine Wirbelsäule ab, als suchten sie dort eine Öffnung. Zunächst glaubte ich, dass sie mich massierten, dann, dass sie versuchten, bis zum Rückenmark zu gelangen, und erst später vermutete ich, dass sie vielleicht nach etwas suchten, das mit dem Rücken gar nichts zu tun hat. Es kam mir so vor, als klopften sie mit einer Thermosflasche auf mir herum. Sie erzählten etwas, aber ich konnte sie nicht verstehen, und es schien so, als verstünden sie auch mich nicht. Hätten sie nach meinem Beruf gefragt und womit ich mich beschäftige, dann hätte ich ohne nachzudenken geantwortet, dass ich eine Betriebswirtin oder Marketingexpertin sei, aber dazu kamen wir nicht. Sie redeten auf mich ein, als wollten sie mich verführen, soweit konnte ich es verstehen, aber gewiss diskutierten sie nicht über meinen Beruf: Sie hatten mich sofort auf den Bauch gelegt und wandten sich meinem Rücken zu, meiner gekrümmten Wirbelsäule.

»Endlich!«, dachte ich, »endlich berührt mich jemand ohne Handschuhe.«

Sie brachten mich in einem Pavillon unter, in dem auf der einen Seite ein Bett und ein Sessel standen und auf der anderen ein modularer Synthesizer. Sie hatten ein eingerahmtes Foto der Erde an die Wand gehängt. Der Rahmen war sehr schön, auf jeden Fall schöner als das kleine Foto. Ich kümmerte mich nicht besonders um den Synthesizer, da ich völlig unmusikalisch bin. Allerdings bemerkte ich, dass es nirgendwo Lautsprecher gab, und das verwirrte mich. Ich konnte an den Knöpfen drehen und auf sie drücken, ohne dass meine Ungeschicklichkeit irgendwelche Folgen für meine oder fremde Ohren hatte. Bald brachten sie mir eine alte, kaputte Tastatur und einen Schlafsack mit einem langen Reißverschluss, und so begriff ich, dass sie sich nicht im Geringsten für den Klang interessierten. Sie wollten die Arbeit meiner Finger beobachten. Sie wollten sehen, wie ich die Hände benutze, was ich mit ihnen anstelle.

Der Pavillon war übertrieben groß im Verhältnis zu dem, was sie hineingestellt hatten, und vor allem im Verhältnis zu der kleinen Fotografie von der Erde. Doch vielleicht war diese Disproportionalität nur in meinen Augen von Nachteil, während es für sie die Definition von Harmonie und gutem Geschmack war. Die große Erde im kleinen Rahmen, ich in einem allzu großen Bett, das Bett in einem allzu großen Raum und der allzu große Raum in einem winzigen Weltall. Vielleicht hatten sie schlicht und einfach die Dinge besser gesehen und verstanden als ich. Ihre Werbung war gewiss qualitativ hochwertiger als unsere, aber das war auch nicht besonders schwer.

Die Wintersonne verfügte über eine regelmäßige Kundschaft, die ihren Urlaub auf dieser Weltraumstation verbrachte, da die künstlichen

Strände wunderschön waren, so dass für die Schriftsteller nur ein bescheidenerer Raum reserviert war, den die reichen Unternehmer um keinen Preis betreten würden. Dennoch war ich begeistert: Ich konnte zum Strand gehen, wann ich wollte, und Werbeslogans verfassen, ausgestreckt in dem Sand, der nie zu heiß war, denn die Sonne war schon seit Jahren erkaltet und wärmte nicht mehr so wie früher. In den ersten Tagen schrieb ich zwei Werbetexte. Den ersten für ein Diuretikum auf der Basis eines Sirups und den zweiten für Unterhosen, die nie gewaschen zu werden brauchen. Es handelte sich um ein und dieselbe sehr bekannte Firma, von der mir ein solider Vorschuss gewährt wurde. Sie hatten mir weitere zwanzig Reklamen zugewiesen, die ich mit der Geschichte verbinden musste, die sich in zwei Erzählstränge verzweigte: die erste über den Schwarzen Tod und eine Frau, die vor einem Mann in die Berge flüchtet, der verkrüppelt überlebt hatte und sie um jeden Preis vergewaltigen wollte, da er gehört hatte, dass er auf diesem Weg seine einstige Schönheit zurückgewinnen könne. Und der zweite Strang handelte von einem Mädchen, das die Eltern auf dem Merkur verliert, und von ihrem Heranwachsen in der Isolation. In der Geschichte sollte ich einige Käsesorten erwähnen, eine hybride Bananen-Rosen-Art, ein Kölnisch Wasser, breiige Astronautennahrung und eine ganze Reihe anderer völlig nutzloser Dinge, die ich nie ausprobiert hatte. Es geschah häufig, dass ich etwas Falsches über ein bestimmtes Produkt schrieb, und dann suchten die Auftraggeber den Kontakt zu mir über den Verband und verlangten eine Berichtigung in einem der folgenden Kapitel. Die Geschichten trennten sich voneinander, mäanderten und führten nirgendwo hin, so dass ich nicht auf die Kongruenz der Zeit und die Einheit der Handlung achten musste. Alles ging durch. Ich schrieb, als würde ich das Diuretikum schlucken, das ich in meiner Geschichte bewarb, aber niemand beschwerte sich. Die Auftraggeber am wenigsten.

Als sie versuchten, mich zum zweiten Mal zu befriedigen, lachte ich. Ich hatte einen hysterischen Lachanfall, da sie mich zunächst an den Fußsohlen und dann unter den Achseln kitzelten. Ich konnte mich nicht daran erinnern, wann ich zuletzt so gelacht hatte. Ihre Silhouetten beugten sich über mich; auch sie lachten.

»Lachen. Wir haben also doch etwas Gemeinsames«, sagte ich.

»Ja, das haben wir«, antwortete die Stimme.

Erstaunt blickte ich in ihre Richtung, und es war, als würde ich plötzlich sehen können: Die Wesen ähnelten mir, sie verfügten über ein Gesicht und ein Lächeln. Dort, wo Arme und Hände sein sollten, gab es nichts, aber sie hatten Beine und einen Körper – ich weiß nicht, warum mir das nicht früher aufgefallen war. Das, was mir zuvor wie ein unüberbrückbarer Unterschied erschienen war, war plötzlich nur noch eine Nuance. Warum konnten sie also die Stelle nicht finden, nach der sie suchten? Ich beeilte mich nicht, ihnen zu erklären, wo sich diese befindet, da ich ihre Zuwendung genoss, die Intimität, die sich zwischen uns entwickelte. Die Handschuhe, die man uns im Bordell auslieh, hatten Stacheln an den Fingerspitzen, und jedes Mal, wenn mich eine der Prostituierten berührte, fühlte ich mich so, als würde ich den eigenen Körper verlassen und eine der Geschichten betreten, die ich schrieb. Das Pieken begann gewöhnlich im Nacken, wo wir als Gattung am empfindlichsten sind, und setzte sich dann an den Schläfen und in der Kniekehle fort. Nur wenige Sekunden waren nötig, um mich zum Höhepunkt zu bringen, bei dem ich die obszönsten Schimpfworte von mir gab. Dann folgte ein Wutausbruch, weil es nicht länger anhielt, da meine Hände von dem Genuss ganz schlapp wurden und ich den Prostituierten nicht mit dem gleichen Maß entgegenkommen konnte. Dabei knirschte ich so sehr mit den Zähnen, dass es kein Wunder war, dass ich alle zwei Wochen neue kaufen musste.

Beim dritten Mal trafen sie beinahe die Stelle, aber dann rutschten sie zwischen die Beine. Sie berührten mich in der Leistengegend, was ich gewiss als angenehm empfand, aber man konnte sehen, dass es nicht den gewünschten Effekt hatte. Ihre Berührungen verursachten keinen Schmerz, was mich daran hinderte, mich vollständig auf das Spiel einzulassen. Zugleich gefiel es mir, dass sie sich so verzweifelt bemühten, meine Grimassen zu deuten. Mein Blick flüchtete gelegentlich zu dem Foto von der Erde, und manchmal verirrten sich meine Gedanken zu den Werbetexten, die ich noch zu verfassen hatte. Bisweilen ließ ich in meinem Kopf eine Vergewaltigungsszene ablaufen, zu der es notwendigerweise kommen musste, wollte ich jene hybride Banane erwähnen, mit der ich die neuen Zähne und drei Bordellbesuche bezahlen können würde.

Sie murrten ein wenig. Es verwirrte sie, dass mein Körper nicht so funktionierte, wie sie es erwartet hatten.

»Sie sind atrophiert«, hörte ich jemanden sagen.

»Eine Schande«, sagte ein anderer.

Ich konnte sie verstehen, aber den Sinn konnte ich nicht erfassen. Ich wusste, dass wir degeneriert sind, aber ich wusste nicht genau, warum. Und in was genau wir uns verwandelt hatten.

Bald nach ihrem dritten Experiment schlief ich ein und träumte, wie sich die winzigen Nadeln von den Handschuhen trennten und in die Stelle zwischen meinen Beinen stachen, an der sie mich zuvor schmerzlos berührt hatten. Ich knirschte mit den Zähnen, bis ich abrupt aufwachte. Sie hatten den modularen Synthesizer aus dem Pavillon geschafft, und an seine Stelle hatten sie einen Fernseher gestellt, auf dem sie mir das morbideste Video zeigten, das ich je gesehen hatte. Ich war geschockt und angewidert, obwohl ich nicht hätte erklären können, warum. Die Art, wie der Mann und die Frau sich auf dem Bildschirm umarmten, war unnatürlich. Sie waren ineinander verschlungen, sie stöhnten. Ihre Nasen pressten sich aneinander, die Lippen ebenfalls, und alles zwischen den Beinen vereinigte und trennte sich klatschend. Es schien, als wären die zwei Körper Handflächen, mit denen jemand heftig und krampfartig der widerlichsten Szene, die je aufgenommen wurde, applaudiert. Vor Schrecken war ich wie versteinert, aber ich wusste nicht, wie ich den Fernseher ausschalten konnte, der mit höchster Lautstärke lief.

»Kann man den ausschalten?«, rief ich in der Hoffnung, dass mich jemand hören würde.

Und tatsächlich, eine hochgewachsene Person (ich muss Person sagen, da es sich wirklich um eine Person handelte) kam und schaltete den Ton ab, aber das Bild lief weiter. Die Person sah mich an und setzte sich neben mich auf das Bett. Wir unterhielten uns nicht, ich knetete nur nervös meine Finger, ich verschränkte sie ineinander, schloss und öffnete die Handflächen. Das Individuum beobachtete meine Hände. Dann blickte ich auch darauf und sah, dass ich mit den Händen die Handlungen, die im Fernseher liefen, nachahmte. Geschockt legte ich sie auf die Knie. Ich wünschte mir, dass mir beide Fäuste abfielen, nur damit ich so etwas nie wieder tun konnte. Ich schaute mir den Fremden genau an und stellte fest, dass es sich um einen Menschen handelte. Er musste einer sein, da wir uns allzu ähnlich waren. Die Unterschiede konnte man an den Fingern einer Hand abzählen. Sie benutzten Gegenstände und führten die gleichen Handlungen aus wie wir, nur dass sie dafür keine Hände brauchten. Oder aber ich sah die Hände nicht, wenn sie denn welche hatten. Die Person neben mir hatte etwas zwischen den Beinen, daran gab es keinen Zweifel. Aber ich blickte lieber auf ihren Nacken und auf ihre Schläfe, und ich stellte mir vor, wie dieser Mensch reagieren würde, wenn ich ihn mit der Hand an der Kniekehle oder mit dem Finger am Hals berühren würde.

Die Wintersonne drehte sich langsam um sich selbst und um die Sonne. Ich hatte einen Monat Zeit, alle Produkte zu bearbeiten, ihnen die Handlung meiner Erzählung anzupassen, sie einzubauen und möglichst viel davon durch meine ungeschickten Sätze zu verkaufen. Meine Gedanken begannen und endeten mit Produkten für die persönliche Hygiene, mit Restaurantketten und verschiedenen Dattelsorten: Ich hatte keine Zeit, über mich selbst nachzudenken, über die Art, wie ich lebte und mich vergnügte, da die Produkte, für die ich werben musste, Priorität hatten. Zusammengekauert wartete ich darauf, dass mich Erschöpfung und Kleinmut erfassen würden, der Stress häufte sich an, genauso wie meine Sätze, eine schlechte Laune folgte der anderen, und am Ende schlief ich gequält am Strand ein, während die Spucke mir aus dem Mund rann und ein Häufchen Sand in ein Bällchen verwandelte. Ich glaube, dass sie mich in dem Zustand fanden und abführten. Die Alarmanlage der Weltraumstation war immer aktiviert, deshalb war es mir nicht klar, wie sie es geschafft hatten hineinzukommen, mich schlafend hinauszutragen, ohne dass auch nur ein einziger Wächter darauf aufmerksam wurde. Als ich aufwachte, war alles, was ich sah, der Pavillon und diese Gestalten, die mich auf den Bauch drehten. Es war mir wärmer als am Strand, vielleicht weil die Hitze aus mir selbst kam.

Der Fernseher lief ständig, aber die Szenen, die ich sah, störten mich nicht mehr. Erstaunlicherweise nannten sie das ebenfalls »ficken«, obwohl mir diese Handlungen völlig unbekannt vorkamen. Wir benutzten dieselben Worte für vollständig andere Dinge.

Ich dachte natürlich darüber nach, wieviel Geld die Unternehmer nur deshalb verlieren würden, weil ich ihre Werbung nicht schreiben konnte, und ich hatte Angst davor, dass ich sie aus eigener Tasche würde entschädigen müssen. Ich hatte zwei fiktive Konten, auf denen ich mein Geld parkte. Auf dem einen sparte ich für den Zahnarzt und die Prostituierten und auf dem anderen für ein eigenes Handschuhpaar. Ich rechnete mir aus, dass dies eine ausgezeichnete Investition sein würde, da ich dann nicht mehr so häufig ins Bordell gehen müsste, sondern mich ungestört zu Hause befriedigen könnte.

Der Schmerz, der uns zum Höhepunkt brachte, war immer derselbe:

Er dauerte nur kurz an und wirkte paralysierend. Wir verloren die Kontrolle über den eigenen Körper, vor allem über die Hände, die sonst üblicherweise nie ruhten. Ich schrieb ständig, jeden Gedanken musste ich vermarkten, jedes Stück Nahrung abtippen. Der Schlaf brachte Entspannung für den Kopf, aber nicht für die Hände, da man einige Dinge in der Nacht unbewusst erledigen konnte. Um die Arbeitszeit unserer Hände zu verlängern, hatte man spezielle Computerprogramme entwickelt: Im Traum wurde die Motorik weiterhin ausgeschaltet, damit wir nicht schlafwandelten, aber die Hände setzten ihr Nachtleben auch ohne uns fort. Eigentlich gehörten sie uns gar nicht mehr.

Wenn ich über die Menschen nachdenke, denke ich über Werbung nach. Was und wem kann ich etwas verkaufen? Oder wie kann ich durch Werbung einen Menschen verkaufen? Das Menschliche war mir persönlich immer ein wenig fremd, da ich keine anderen Bedürfnisse hatte, als den eigenen Händen etwas Ruhe zu gönnen. Nichts anderes interessierte mich. Weder Einkauf noch Verkauf, doch wenn dein Schreiben kein Material für gute Werbung ist, dann ist auch dein Leben keinen Pfifferling wert. Deshalb verheimlichte ich meine Bordellbesuche und meine Besessenheit davon nichts zu tun. Doch jetzt bin ich abgekommen von der eigentlichen Geschichte. Wie auch immer, jener Mensch, der sich neben mich setzte, schwieg, bis ich ihn fragte, wann ich zur Wintersonne zurückkehren könnte.

»Warum willst du zurück?«, fragte er.

»Ich muss arbeiten«, sagte ich.

»Warum?«, fragte er weiter.

»Ich habe das Geld im Voraus bekommen, ich muss etwas über Bananen schreiben.«

Der Mensch lachte.

»Was stimmt nicht mit Bananen?«, fragte ich verstört.

»Ist nicht wichtig«, sagte der Mensch.

Hätte er Hände gehabt, hätte er in diesem Moment abgewunken, aber so schüttelte er nur den Kopf.

»Weißt du, warum wir keine Hände haben?«, fragte er.

»Nein, warum?«

Er antwortete nicht sofort.

»Hände stellen manchmal ein ernsthaftes Problem dar«, sagte er endlich. »Sie können den Menschen durch die Arbeit versklaven.«

So hatte ich darüber noch nie nachgedacht. Das heißt, ich hatte nie darüber nachgedacht, dass ich ohne Hände vielleicht frei gewesen wäre. Ich lenkte meinen Blick erneut auf meine Finger. Ich hatte Hände stets für unentbehrlich gehalten, aber wenn es sie nicht gäbe, würde man schon einen Weg finden, die Dinge mit den Mündern, den Nasen oder anderen Körperteilen zu erledigen. Der Schriftstellerverband würde einen Weg finden, um etwas zu verdienen. Er würde einen Weg finden, uns zu zwingen, über Bananen, Datteln, elastische Gummibänder und Diuretika zu schreiben. Über alles, nur nicht über uns selbst, nur nicht über die Themen, die man nicht versilbern kann.

»Was ist dein Beruf?«, fragte der Mensch.

Ich dachte, dass ich wie aus der Pistole geschossen »Marketing« sagen würde, doch ich konnte dieses Wort nicht über meine Lippen bringen.

»Ich weiß es nicht«, sagte ich. »Ich schreibe Werbetexte, aber das interessiert mich nicht.«

»Und was interessiert dich?«

»Warum bin ich hier? Wer seid ihr?«

Der Mensch wollte mir nicht antworten.

»Wie heißt du? Darf ich wenigstens das erfahren?«, fragte ich.

»Ich heiße Sharmila.«

»Was ist dein Beruf?« Ich wiederholte die Frage, die er mir gestellt hatte.

»Ich beschäftige mich mit Neurodesign, mit der Anpassungsfähigkeit des Körpers an den Computer, vor allem der Neuronen. Mein Hauptinteresse gilt humanoiden Robotern.«

»Das klingt sehr interessant«, sagte ich, »aber bei uns gibt es keine Roboter mehr.«

Sharmila lachte. Und zwar ziemlich laut.

»Warum ist das lustig?«

Sharmila legte seinen Kopf auf meine Schulter. Ich wusste nicht, was ich sagen sollte. Es war mir unangenehm, da wir auf der Erde solche Dinge nie machten, keine Zärtlichkeit zuließen.

»Ist dir das unangenehm?«, fragte Sharmila.

»Ein wenig, aber es ist in Ordnung«, sagte ich. »Wann werde ich auf die Wintersonne zurückkehren können?«

»Ich glaube, dass dieser Urlaubsort bald geschlossen wird.«

»Das verstehe ich nicht«, sagte ich. »Dieser Urlaubsort ist der Beliebteste. Er ist sehr lukrativ.«

»Ich verstehe es nicht«, wiederholte ich noch einige Male und kam mir verloren vor.

Die Wintersonne hatte eine starke Achsenneigung, wie der Uranus, und rotierte auf eine merkwürdige Art durch das Weltall. Jede Umdrehung dauerte nicht lang, dennoch spürten wir keinerlei Geschwindigkeit. Manchmal wünschte ich mir jedoch, dass mir sowohl von der Schwerkraft als auch von der Rotation übel würde, um die Bewegung der Himmelskörper und den Lauf der Zeit spüren zu können. Es schien, als hätten im Leben gerade die Sinneserfahrungen das größte Gewicht, da sie uns am meisten beeinflussen. Würde ich zum Beispiel neben einem Zug, der in Bewegung ist, stehen, würde ich etwas spüren. Wenn ich neben einem Menschen stehe, verspüre ich nichts. Die Menschen scheinen kein Gewicht zu haben, sie bewegen nichts, ziehen nichts an sich und stoßen nichts ab. Sie sind nur. Das Nachdenken darüber ermüdete mich. In den Momenten, in denen mir die eigenen Gedanken zu viel wurden, holte ich etwas Geld von meinem Konto, ging ins Bordell und gab mich dem Zähneknirschen hin. Dieses empfand ich als angenehmer, aber hier konnte ich es nicht machen.

»Alles wird gut«, sagte Sharmila. Er biss mir in den Nacken und damit endete unser Gespräch. Meine Hände waren wie abgestorben.

»Sharmila ist doch ein weiblicher Name?«, frage ich ihn später.

»Das ist uns egal«, sagte Sharmila.

Ich wurde von einem Schwindelgefühl ergriffen, das ich noch nie zuvor verspürt hatte.

»Ich war nicht ganz ehrlich«, sagte Sharmila.

Ich sah ihn müde an. Ich wollte zur Wintersonne zurück, und gleichzeitig wollte ich nie mehr irgendwohin zurückkehren. Es gefiel mir, dass meine Tage in Muße vergingen, ich wälzte mich bis mittags im Bett, ich dachte über Literatur nach, aber nicht mehr so wie früher. Ich dachte zum Beispiel nicht im Geringsten an Bananen. Alles war mir scheißegal. Es überraschte mich, mit welcher Leichtigkeit ich laut Schimpfworte aussprechen konnte, die mir früher wie Klöße im Hals stecken blieben: Es gehörte sich nicht zu schimpfen, aber hier wies mich niemand zurecht.

»In welcher Hinsicht?«, fragte ich.

»Bezüglich der Natur unserer Beziehung«, sagte er. »Ich habe bedeutsame Dinge verschwiegen.«

»Ich weiß.« Ich war nicht sicher, ob ich wissen wollte, was mir Sharmila sagen wollte. »Es ist vielleicht besser, dass ich es nicht weiß«, fügte ich hinzu.

»Vielleicht«, sagte Sharmila, »die Dinge auf der Erde müssen sich dennoch ändern.«

Ich konnte mir nicht erklären, warum es keinen vierten Versuch gab. Vielleicht hatten sie inzwischen begriffen, was los war, und ließen ihre Hände davon. Ich lachte einmal laut auf, »ihre Hände davon lassen« – zum Brüllen.

Das Sonnenlicht war schwächer geworden, deshalb gelang es uns nicht mehr, verschiedene Gemüsesorten anzubauen. Viele Dinge waren verschwunden, da die künstliche Wärme nicht ausreichte. Die Photosynthese war von der Erde verschwunden, der Sex, so wie er einst war, ebenfalls. So zumindest hatte ich Sharmila verstanden. Er kam jeden Tag, um sich mit mir zu unterhalten. Er behauptete, dass er kam, um mich auf die Rückkehr vorzubereiten, aber er erwähnte die Wintersonne kein einziges Mal.

»Rückkehr – aber wohin?«, fragte ich ihn.

»Nach Hause«, sagte er.

Außer mit Sharmila unterhielt ich mich mit einem weiteren Dutzend Menschen, aber zu ihnen baute ich nicht das gleiche Verhältnis auf. Sie waren zurückhaltender, sie bissen mich nie und legten auch nie ihren Kopf auf meine Schulter. Sie hielten Distanz, und normalerweise hätte mir das besser gepasst, aber ich hatte mich verändert, und jetzt begann mich ihr Verhalten zu stören. Ich wollte mit allen nah befreundet sein, nicht nur mit einem Menschen.

»Die anderen mögen mich nicht«, sagte ich zu Sharmila.

»Stört dich das?«, fragte er mich.

»Manchmal.«

»Das ist ein gutes Zeichen«, sagte er.

Sharmila versuchte ab und zu, sich mit mir über das Schreiben zu unterhalten. Aber ich mied dieses Thema hartnäckig. Was hätte ich ihm schon darüber sagen können? Dass mich Literatur anekelte?

Als könnte er meine Gedanken lesen, sagte Sharmila: »Wenn dich das Schreiben anekelt, was magst du dann?«

Ich wollte die Prostituierten nicht erwähnen.

»Freiheit«, sagte ich und verstummte.

»Ich habe ein ausgezeichnetes Thema für eine Geschichte«, sagte Sharmila, »willst du es hören?«

»Gerne, aber wenn die Idee sehr gut ist, würde es dich dann nicht stören, wenn ich sie verwenden würde?«, fragte ich.

»Ganz im Gegenteil! Also, bevor die Sonne erkaltete, gab es auf der Erde ein Institut für humanoide Robotik. Man nannte es Wintersonne.«

»Das wusste ich nicht«, sagte ich.

»Auf die Menschen wirkten die Roboter nie hinreichend humanoid«, fuhr Sharmila fort. Während er sprach, blickte er in die Ferne. »Es fehlte ihnen immer etwas. Eine Geste, eine Redewendung, die Nonchalance. Es gab jedoch eine Gruppe von Wissenschaftlern, die nicht voreingenommen gegenüber allem, was mit künstlicher Intelligenz zu tun hatte, waren. Als sei die Intelligenz jemals künstlich!« An dieser Stelle hielt Sharmila inne. Er lehnte seinen Kopf ganz zärtlich an meine Schulter, so schien es mir jedenfalls. Ich dachte an Liebe, aber nur kurz, da er weitersprach. Beinahe flüsternd sagte er mir ins Ohr. »Diese Abneigung entwickelte sich mit der Zeit zu einer ernsthaften Intoleranz. Die Demagogen begannen nicht nur die künstliche, sondern jede Form von Intelligenz anzuprangern. Nach dem Motto: Was wir brauchen, ist menschliche Arbeit. Das war natürlich verrückt, denn die Menschen hatten schon längst aufgehört, über Arbeit nachzudenken. Die Roboter erledigten alles für sie.« Er sah mich an, er wollte, dass ich etwas sage, aber ich konnte nicht.

»Bald hatten Fanatiker die Wintersonne in Brand gesetzt, so dass die Wissenschaftler an einen anderen Ort ziehen mussten.«

»Sprichst du von der Station im Weltall?«, fragte ich.

»Ja, ich denke an den Urlaubsort.«

»Und konnten sie an dem neuen Ort ihre Arbeit ungestört fortsetzen?«

»Ich kann nicht behaupten, dass sie ihre Arbeit ungestört fortsetzen konnten. Es war nicht einfach.«

Es hörte sich so an, als würde er aus eigener Erfahrung sprechen, aber all das hatte sich vor sehr langer Zeit abgespielt. Sharmila hätte schon längst tot sein müssen.

»Es gibt keine Roboter mehr auf der Erde«, sagte ich.

»Bist du sicher?«, fragte mich Sharmila.

Ich hatte nie die automatisierte mitternächtliche Arbeit meiner Hände als roboterartig betrachtet. Wenn Intelligenz nie künstlich war, wie Sharmila behauptete, wie konnte die Arbeit es dann sein? War ich ein Roboter?

»In Brüssel ist statt dem Institut ein Call-Center entstanden, ein grässliches Gebäude.«

Ich wusste genau, an welches Haus er dachte. Es war wirklich widerlich.

»Bist du müde?«, fragte er mich plötzlich.

»Ein wenig«, gab ich zu.

»Ich sollte gehen«, sagte Sharmila, ohne sich zu erheben.

»Bleib doch hier. Mein Bett ist groß genug für uns beide. Ich will den Rest der Geschichte hören.«

Er war einverstanden.

»Wenn du Werbetexte schreiben würdest«, sagte ich zu ihm, während wir uns ins Bett legten, »wärst du der am besten bezahlte Autor.«

»Da bin ich nicht sicher. Wir lügen nie.«

Als ich am Morgen die Augen öffnete, war Sharmila schon wach. Er lag ruhig mir zugewandt auf der Seite. »Arbeit macht den Menschen aus«, so stand es am Gebäude des namenlosen Call-Centers. Daran hatte ich mich im Traum erinnert. Was für eine dumme, beleidigende Behauptung!

»Wie oft gehst du zu den Prostituierten?«, fragte er mich.

»Das ist unwichtig.«

»Es interessiert mich aber.«

»Oft«, antwortete ich.

»Es gibt nichts, weswegen du dich schämen müsstest«, sagte er.

Ich wusste es, aber dennoch schämte ich mich. Ich setzte mich auf den Bettrand. Sharmilas plötzlicher Biss tat mir weh, und ich kam augenblicklich. Meine Handflächen und Ellenbogen schmerzten, mein ganzer Körper fühlte sich wie eine offene Wunde an. Ich knirschte so sehr mit den Zähnen, dass mir der Zweier und der Fünfer zerbrachen. Ich spuckte sie auf den Boden aus.

»Ich freue mich, dass ihr nicht ausgestorben seid«, sagte er.

Ich hatte die Kontrolle über meine Hände noch nicht zurückgewonnen, als Sharmila mich aufs Neue biss. Ich verfluchte alle Planeten, derer ich mich in dem Moment erinnern konnte.

»Ihr wolltet, dass wir euch ähneln, aber schau dir das doch an. Ihr habt keine Kontrolle über die eigenen Bewegungen. Halb Körper, halb Computerprogramm. Ihr seid weniger Menschen als wir.«

Es schien, als würde Sharmila mit sich selbst sprechen. Er biss mich so oft, dass ich nicht mehr mitzählte. Ich hatte keinen Körper mehr. Eine Stunde lang hatte ich keine Hände, ganz ehrlich, an ihrer Stelle befand sich eine unbrauchbare Leere. Um mich herum weitete sich der unsichtbare Raum der Lust, der die Fähigkeit zum Sprechen aufhebt. Ich hatte mich nie besser gefühlt.

»Die Unterschiede zwischen uns werden immer geringer. Noch ein paar Monate und sie werden vollkommen verschwunden sein.«

»Welche Unterschiede?«, fragte ich, als ich endlich zu Atem kam.

»Schau mal«, sagte Sharmila.

Ich lenkte meinen Blick zwischen seine Beine. Ich dachte an die Banane. Das, was ich sah, erinnerte mich daran. Sharmila hatte keine Hände, aber auch das war ein Glied, so sagte er. Ich erinnerte mich an jene Aufnahmen, die man mir gezeigt hatte, als ich auf die Wintersonne kam. Endlich verstand ich diese Bewegungen und das, was das Paar immer wieder gesagt hatte: So, mein Schatz! Ja!

»Meine Hände sind auf Arbeit programmiert und nicht auf Liebe«, sagte ich.

»Langsam«, sagte Sharmila, »du brauchst keine Hände.«

Ich legte meine Lippen auf sein Glied. Sharmila biss mir wieder in den Nacken. Bald schon kamen wir beide, obwohl ich nicht feststellen konnte, was bei ihm genau abgestorben war.

»Warum habt ihr ausgerechnet mich entführt?«, fragte ich, als ich wieder sprechen konnte.

»Die Prostituierten«, sagte er.

Ich hatte ständig bei ihnen Zuflucht gesucht und nicht gewusst, dass sie Spitzel waren.

»Sind es auch Roboter?«

»Nein, aber sie verstehen besser als alle anderen, was schwere Arbeit ist.«

»Sie verdienen sehr viel mehr als ich«, sagte ich ein wenig beleidigt. »Und ich weiß auch, was anstrengende Arbeit ist.«

»Natürlich«, sagte Sharmila versöhnlich, »deshalb bist du ja hier.«

Er erklärte mir, dass sie auf die Erde zurückkehren wollten. Sie brauchten eine Person, die bei den Menschen für sie spricht.

»Wollt ihr, dass ich Werbung für euch mache?«, fragte ich.

»Ja, wir werden dich sehr gut bezahlen.«

»Besser als eine Prostituierte?«, fragte ich.

Ich hatte mich natürlich bereits verkauft, aber Sharmila war freundlich genug darüber hinwegzusehen.

»Nimmst du das Angebot an?« Seine Stimme zitterte, als fürchte er sich vor meiner Antwort.

»Ja«, sagte ich. Ich hatte nie über Roboter geschrieben. »Könnt ihr auch an Pest sterben?«, fragte ich ihn.

»Nein, nur durch menschliche Hand und üble Nachrede«, antwortete er.

Er biss mich wieder, aber dieses Mal in die Lippe. Ich schob meine Zunge in seinen Mund. Wir berührten uns mit den Nasen. Sharmila landete auf dem Rücken. Ich legte mich auf ihn. Ich lernte von einem Roboter. Ich ahmte ihn nach, um ein Mensch zu sein.

Δάφνη

Mit großer Leichtigkeit gelang es mir stets, Apollos Kleinanzeigen in den Magazinen *Start* und *Erotica* zu erkennen, in den alten Ausgaben aus den achtziger Jahren, in denen ich gerne blätterte, wenn mir zu Hause langweilig war. Ich warf mich auf das Bett und las die Texte in der Rubrik »Einsame Herzen«, manchmal las ich sie auch laut vor. Ich lachte über all die Leute, über ihre Verzweiflung, am lautesten lachte ich aber über Apollo. Jahrhunderte waren vergangen, unsere Trennung ist hässlich gewesen, er meldete sich dennoch regelmäßig und wartete beharrlich darauf, dass ich ihm verzieh.

»Aufgepasst«, stand da, »vielleicht bist du hässlich, missverstanden und arm, aber all das spielt keine Rolle, wenn du eigensinnig, jung und emotional stark bist, Chiffre VIS VITALIS 234.« Phoebus sendete seine Botschaften in die Vergangenheit, damit sie mich irgendwann erreichten. Das Internet interessierte ihn nicht, obwohl ich sicher bin, dass er anonym all meinen Profilen in den sozialen Netzwerken folgte. Vielleicht sogar meinem Finsta. In seinen lächerlichen Botschaften sprach er mich immer als Mann an. Für ihn war ich die Verkörperung der Männlichkeit, da Apollo alle positiven Werte dem männlichen Geschlecht zuschrieb, während er die Eigenschaften, die er an sich selbst am meisten verachtete und die ich liebte, für weibliche Schwächen hielt. Er negierte hartnäckig das gesamte weibliche Geschlecht. Nicht weil er die Frauen verachtete, sondern weil er die Männer maßlos verehrte.

Diese Nachricht las ich mehrmals. 13.3.1982. *Start*, Ausgabe 343, Preis 30 Dinar. Darin gab es einen Artikel über den Widerstand in Ljubljana gegen den Bau einer Moschee, ein Gespräch mit Orson Welles. Des

Weiteren ein großes Dossier über die Insel Lastovo.« »Wird auch Lastovo vom Massentourismus überrannt?«, fragte der Autor. Ich hätte gerne mit den Jugoslawen korrespondiert, ihnen Botschaften in die Vergangenheit gesendet, aber das klappte nur mit Apollo. Ihm antwortete ich nie. Ich lachte, und damit war die Sache beendet. Doch dieses Mal ließ mich die Nummer 234 aufmerken. Er meinte den Bus. Er wollte mich sehen. Wie ich ihn auch.

Über Apollo und mich hatte man seinerzeit viele Lügen verbreitet. Nachdem er unter dem Parnass eine Riesenschlange getötet hatte, die seine Mutter vergewaltigen wollte, das Loch in der Erde verschlossen und sich selbst an dieser Stelle eine Kultstätte errichtet hatte, begann Apollo in der Tat damit, Eros zu verhöhnen. Das hatten die alten Griechen korrekt vermerkt, aber dann brachten sie die Dinge durcheinander. Eros schien ein sehr schlechter Schütze gewesen zu sein, da er weder Apollo noch mich traf. Wirklich. Seine Pfeile verschwanden in den Büschen hinter uns, dabei schoss er, während wir ganz ruhig dasaßen. Vorher hatten wir uns unter dem Lorbeerbaum herumgewälzt und an seinen Blättern gekaut. Ich war in eine leichte Trance versunken, aber das war zu erwarten gewesen, denn niemand, den der Gott der männlichen Schönheit penetriert, kann ganz bei sich bleiben. Unsere Liebe endete tragisch, aber ich war keine verängstigte Jungfrau, die kopflos vor Phoebus flüchtete und ihre Eltern anflehte, sie in eine Pflanze zu verwandeln. Es war die Politik, die uns verurteilte. Die Griechen konnten darüber nicht schreiben, da Frauen von der Politik ausgeschlossen waren, selbst wenn sie unwiderstehliche Wassernymphen wie ich waren.

Manchmal war ich auch ein hübscher Jüngling. Deshalb liebte mich Apollo so sehr: Junge Männer brachten ihm ihr Haar dar, abgeschnittene Locken oder lange, wellige Strähnen. Das erregte ihn, und so war ich, auch wenn ich als schönste Flussnymphe überhaupt galt, nur ein weiterer junger Mann, von dem der Gott eine Locke empfing. Meine Täuschung wurde zu einem schrecklichen Vergehen erklärt. Phoebus beschützte die Jünglinge, und ich hätte meine jungfräuliche Mädchengabe seiner Schwester Artemis darbringen sollen, doch ich war nicht in sie verliebt. Apollo empfing meine Haarlocke und flocht sie sofort in seinen Pfeil ein.

»Die nächste Pest werde ich in deinem Namen senden«, versprach er.

Kurzhaarig fiel ich in seine Arme. Wir liebten uns unter den wachen Augen seiner düster dreinblickenden Schwester.

»Lass sie ruhig«, sagte Phoebus, »Artemis schaut nur zu, sie hat kein anderes Begehren.«

Apollo war sowohl brillant als auch widerlich. Jedes Mal, wenn er kam, meldeten sich um uns herum die Krähen. Sie waren die Stimme seiner Lust, unmusikalisch und heiser. Er war der Gott des Tanzes und der Musik, aber seine verwirrte Zunge verhedderte sich mit meiner, als küsste ich ihn in der Tiefe eines schnell fließenden Flusses oder in einer Quelle, so dass er nicht zu Atem kommen konnte. Manchmal leckte ich seine Pfeile ab, und meine Zunge blutete. Die Wahrsagerinnen von Delphi nannten mich deshalb die »Blutige«. Dieses Attribut ist mir geblieben. Später verwendeten es auch die Historiker, um mich in ihren Büchern zu beschreiben.

Je länger wir zusammen waren, desto lauter meldeten sich Apollos Krähen, und die Intensität meines Genusses begann nachzulassen. Meine Schwestern redeten auf mich ein, sie sagten mir, dass Männer grundsätzlich nicht gut für mich seien.

»Sie sind alle gleich«, sagten sie mit einer Stimme.

»Schon möglich«, antwortete ich wenig überzeugt.

Apollo war ein wahrer Sohn seines Vaters: brutal und zärtlich zugleich, ein Weichling, gestählt durch den Glauben an männliche Kraft und männlichen Ruhm. Er verspottete Frauen als das schwächere

Geschlecht, aber seine Genitalien verwandelten sich nachts: Er liebte den Cunnilingus über alles. Ich aß ihn wie eine Muschel. Er war unersättlich. Meine größte Jünglingsfreude bestand darin, meinen Kopf zwischen seine Beine zu schieben. Ich konnte nie wissen, ob mich dort unten Sperma oder ein klares Ejakulat empfangen würde, in dem ich mein Gesicht waschen konnte. Er wusste, dass ich Wasser liebe und tat mir häufig den Gefallen. Er war kein egoistischer Liebhaber.

Phoebus' Pfeile erschreckten andere, auf mich wirkte seine Grausamkeit erregend, da ich als Frau seine Strenge teilte. Ich konnte sie verstehen. Wenn er sich wie ein gütiger Gott benahm, wirkte er abstoßend und fremd auf mich. Die Griechen würden später etwas von Metamorphosen erzählen, doch nie von der schönsten Verwandlung sprechen, von Apollo, der mich in weiblicher Manier zwischen seine Leisten drückte und weinte, wenn er kam. Warum schrieben sie nichts darüber? Sie fürchteten sich vor dem männlichen Schluchzen. Auch ich weinte, natürlich, aber aus Ohnmacht. Ich fickte ihn grob, aber die Geschichte erinnert sich meiner als eines zarten Lorbeerzweigs, der der männlichen dichterischen Inspiration gewidmet war.

Ich kann mich noch sehr gut an meinen ersten prophetischen Traum erinnern. Mit Apollo traf ich mich oft in Delphi. Heimlich führte er mich in den geweihten und verbotenen Adyton. Ich stopfte mir frischen Lorbeer in den Mund und kaute so lange, bis mein Kiefer wehtat. An dem Tag jedoch setzte ich aus. Den ganzen Tag über verspürte ich Übelkeit, als würde mir die Galle in den Rachen steigen. Mein Magen quälte mich. Apollo quälte mich. Es quälte mich der Gedanke, dass ich schwanger sein könnte. Der Gott hatte mich an die Liebe herangeführt, aber nichts über eine Mutterschaft gesagt. Auch davon war mir übel. Wie auch immer, während ich gegen die Übelkeit ankämpfte, beschäftigte sich Phoebus obsessiv mit meinen Achseln. Er konnte nicht aufhören, daran zu riechen und zu lecken. Ich erlaubte ihm, mit meinem Körper zu spielen, doch plötzlich versank ich in einen tiefen Schlaf und fiel in einen Fiebertraum.

Der Tod lauerte mir auf, meine höchsten Freuden – Wasserquellen, Flussströme und tiefe Seen – waren von Blut getrübt. Aus dem Wasser brach auf einmal der Gott hervor, packte mich an der Kehle und begann mich zu würgen.

Prophetische Halluzinationen bei den Priesterinnen Apollos waren durchaus üblich, die Phytien konnten jedoch nicht allzu fern in die Zukunft schauen. In ihren Augen erahnte man die herannahende Tragödie. Ich konnte es so deutlich spüren wie die Zunge des Phoebus auf meiner Haut: Ich sah, wie Europa sich veränderte, wie Griechenland zerfiel, aber aus irgendeinem Grund hat sich Jugoslawien am meisten in mein Gehirn eingebrannt. Ich schluckte das blutige Wasser und begann zu fluchen. Meine Lippen waren rissig. In den Mundwinkeln spürte ich Wunden, als schiebe mir die Geschichte einen riesigen Phallus in den Hals.

Apollo schüttelte mich, flehte mich an, zu vergessen, was ich gesehen hatte. Eine schöne Frau darf keine hässlichen Dinge aussprechen. Er küsste mich auf den Hals, er weinte. Er wusste, dass er mich verloren hatte: Niemand, der die Zukunft so klar sieht, kann an Gott glauben.

»Komm zurück«, schrie Apollo, »komm zurück!«

Gefolgt von: »Ich bitte dich, ich liebe dich« oder etwas in der Art, aber alles, was ich wahrnahm, war nur seine Angst. Jetzt roch ich an ihm. Die Geschichte breitete sich wie ein Knäuel in meinem Kopf aus. Sie hat mich vergiftet. Die ganze Nacht über musste ich mich übergeben. Erst in der Morgendämmerung kam ich zur Besinnung.

Apollo umarmte mich. »Du kannst nicht mehr hierherkommen«, sagte er, »es ist zu gefährlich.«

»Warum?«, fragte ich.

»Die Zukunft gehört nicht den Frauen«, antwortete er.

Ich erbrach mich über ihn. Phytia eilte uns zur Hilfe und legte ihre

Hand auf meine Stirn. Ihre Macht war nur Schein, da sie von Apollo stammte, aber ich nahm ihren Trost an. Mein ganzer Körper stand in Flammen, als hätte Phoebus mich in seine Feuerstätte neben eben jenem Dreibeinhocker geworfen, auf dem Phytia zu sitzen pflegte und mit seiner Stimme sprach, wobei alle Verben im Futur waren.

»Alles wird gut werden«, sagte die Wahrsagerin, aber ihre Stimme war die Stimme Apollos, und ich glaubte ihr nicht.

Der Gott wandte sich an mich aus beiden Körpern. Ich wollte mit ihm über die Karolinger sprechen, über die Berliner Mauer, über Yanis Varoufakis, doch er wiederholte hartnäckig, dass ich alles vergessen sollte und dass alles gut werden würde.

Jahre später tröstete ich mich damit, dass Apollo mich so leidenschaftlich geliebt hat, dass er nicht umhinkonnte, mir jene Visionen zu ermöglichen, die er anderen nur sehr spärlich gestattete. Die Zukunft eroberte mich, immer wieder träumte ich davon. In meinem Kopf gab es keinen Platz mehr für Apollo. Der Albtraum der Geschichte hat ihn verdrängt.

Als er mich das nächste Mal im Adyton vorfand, wie ich traurig vor der Öffnung im Boden kniete, weinte und das Ethylen einatmete, von dem die Phytien regelmäßig halluzinierten, zog Apollo an meinen Haaren. Ich konnte das siebzehnte Jahrhundert deutlich sehen: Ich wusste, dass der Deutsche Johann Joachim Becher den süßen Ethylenduft entdecken würde. Ich wusste, dass Deutschland existieren würde. Dass Griechenland unter deutscher Herrschaft stehen würde. All das sah ich, und ich war zu ohnmächtig, um irgendetwas zu unternehmen. Apollo zog an meinen Haaren, er wischte den Boden mit meinem Körper auf. Seine Zärtlichkeit war gewichen, er war wütend. Ich konnte seine Erektion spüren. Als wir vor dem Tempel standen, vergewaltigte er mich, weil er wusste, dass ich ihn verachtete.

Ich las natürlich Literatur über altgriechische Mythen und Riten. Die zeitgenössischen Interpretationen des antiken Griechenlands waren ebenfalls durch Ethylen hervorgerufene Halluzinationen, doch die Humanisten schrieben nicht immer nur Unsinn. In dem Loch, aus dem Apollos Tempel herausgewachsen war, verfaulte tatsächlich der zerstückelte Leib von Dionysos. Als er mich im Adyton erwischte, hatte Apollo sofort begriffen, dass ich den Gott des Weins herbeirief, und wurde schrecklich eifersüchtig. Er konnte meine Suche nach dem berauschenden Wein, um meine Zunge zu lösen, nicht ertragen. Die Phytien erbebten im Liebesrausch, während sie mit Apollos Stimme die Zukunft weissagten, da der Dreibeinhocker, auf dem sie saßen, sein Schoß war. Ihnen genügte Phoebus. Manchmal beobachtete ich von der Seite aus, wie sie kamen. Ihre Gesichter waren verzerrt vor Lust. Die Prophetinnen konnten die Schrecken nicht sehen, die sich in der Zukunft bereits abgespielt hatten, und ich beneidete sie darum. In Apollos Umarmung blieb die Zeit stehen, es gab nichts anderes als sein steifes Glied und seine feuchten Nackenbisse. Ich brauchte dringend eine Pause, und Phoebus konnte mir nicht dabei helfen. Ich brauchte den starken Alkohol von Dionysos.

Eros ist ein Verb, schreibt Anne Carson. Sie hat Recht. Das Nachdenken über diese Verben, darüber, was uns von der Welt noch bleiben wird, genau das ist vorgesehen für die Phytien und für mich. Ich bin nicht sicher, dass die Männer die Verben und den Verlauf der Zeit richtig verstehen. Sie verbringen ihr Leben im Schlund der Konjugation. Es brauchte Jahrhunderte, damit ich endlich begriff, dass Apollo die Liebe, aber nicht die Erotik teilte.

Ich war überzeugt davon, dass Eros weder auf ihn noch auf mich zielte, sondern auf den Boden, auf dem wir lagen. Als hätte er auf Griechenland gezielt und erlaubt, dass sich unsere Geschichte von diesem Pfeil aus entwickelt. Ich spürte danach ganz deutlich die Veränderung, die sich in unserem Verhältnis einstellte. Bisweilen umarmte Phoebus mich geradezu hysterisch, als stürbe ich. Ein anderes Mal war er ruhig und fröhlich. Man konnte ihn so wenig fassen wie ein fließendes Gewässer.

»Wir werden uns nie verstehen«, sagte der verliebte Apollo zu mir.
»Du wirst mich nie verstehen«, korrigierte ich ihn.
Nach der Romanze mit Apollo wurde ich brutal. Ich war unmittelbare Zeugin von Ereignissen, die ich in der Vergangenheit gesehen hatte. Alles war eingetreten. Ich konnte einige Kleinigkeiten beeinflussen, Ergebnisse abmildern, aber die Verben verschlingen alles. Und wenn die Handlung erst einmal ins Rollen kommt, ist sie schwer mit schlauen Worten zu stoppen.

Beispielsweise habe ich zu Beginn der achtziger Jahre für kurze Zeit bei einer Zeitschrift für gesellschaftliche und kulturelle Fragen gearbeitet, die »Frau« hieß und in der vor allem die Verortung und die Rolle von Frau und Familie in der Gesellschaft diskutiert wurde. Ich schrieb über die Rolle der Frauen im Rahmen der Entwicklung des sozialistischen Jugoslawiens mit seiner Arbeiterselbstverwaltung, was unterhaltsam, aber auch deprimierend war, da ich wusste, dass diese Periode nur kurz sein würde: »Nach faschistischem Dafürhalten ist die Frau unfähig für die Arbeit in der Produktion. Die Frau hat weder Schule noch Bildung nötig.« Natürlich wusste ich, dass Apollo meine Texte liest. Im Text fragte ich, scheinbar naiv: »Wer ist daran schuld, dass seit Hunderten und Aberhunderten von Jahren die Frauen in Dunkelheit und Unwissen leben und dass sie lange Zeit nicht klar sahen, in welche Richtung sie sich orientieren sollen?«

Am nächsten Morgen setzte ich mich in den Bus. Ich schrieb kurz auf Twitter: »Ich komme.«

Apollo benutzte die Vergangenheit, um mit mir Kontakt aufzunehmen, aber ich weigerte mich zurückzukehren. Er schrieb in einem erotischen Magazin, ich antwortete ihm auf Social Media. Ich provozierte ihn mit der Idee, dass die Zukunft mir und ich ihr gehöre, egal wie unangenehm sie sein mochte.

Es war kalt, und meine Brustwarzen zeichneten sich unter dem Pullover ab. Da ich Phoebus kannte, wusste ich, dass er mein Frösteln als

Begehren deuten würde. Ich bereitete mich auf sein grausames Spotten vor. Würde er sich freuen mich zu sehen? In den prophetischen Visionen war mir nicht erlaubt, Dinge zu erfahren, die mich selbst betrafen. Ich war mir selbst ein blinder Fleck. Es war unmöglich, unser Gespräch mir auch nur vorzustellen, im Voraus die ersten Worte zu hören, die ich nach Jahrhunderten des Schweigens Apollo ins Gesicht sagen würde.

Ich stieg an der letzten Haltestelle aus, sah mich um, erblickte eine einsame Ulme und schritt langsam auf sie zu. In einigen Jahren würde es diesen Baum nicht mehr geben: Ich betrachtete ihn traurig aus der Ferne, als würde es sich um eine Fata Morgana handeln.

Als ich nah genug an die Ulme kam, staunte ich nicht schlecht; ich erkannte ihn kaum. Dionysos hielt einen Flachmann in seinen Händen. Ab und zu führte er ihn zum Mund, aber er trank nicht einen Schluck. Er drehte sich um, und als er mich erblickte, fiel ihm der Flachmann aus den Händen. Wie ein schlechtes Omen verteilte sich der Wein auf dem Rasen. Das letzte Mal, dass ich Dionysos Bacchus gesehen hatte, lag er zerstückelt in dem Loch, und jetzt stand er vor mir, getarnt als schöner Fremdling, beinahe unerkennbar.

»Hockt Apollo jetzt an deiner Stelle im Loch?«, fragte ich.

»Ich würde diesen Ort nicht Loch nennen«, sagte Dionysos.

»Scheiß drauf, so haben wir das Unbewusste vor Freud zu nennen gepflegt.«

Wir lachten beide, obwohl wir die gleichen Symptome der jahrhundertealten Böswilligkeit und Erschöpfung spürten. Das Wissen hatte uns nicht befreit, aber dennoch konnten wir es genießen. Im Gegensatz zu Apollo störte sich Dionysos nicht daran, wenn ich mich ordinär ausdrückte. Es erheiterte ihn. Das wunderte mich nicht: Das, was Phoebus baute, zerstörte Bacchus angeblich. Gepflegte Umgangsformen waren als erstes dran.

»Wir haben uns lange nicht gesehen«, sagte er.

»Es gab keinen Grund.«

»Warum bist du dann gekommen?«

»Es war mir langweilig«, log ich.

Er zuckte mit den Schultern. Er wusste, dass ich log. Er sah das verschüttete Blut. Die Erde war hart, kein einziger Tropfen wurde aufgesaugt.

»Warum bist du auf den Balkan geflüchtet?«, fragte er. »Du hättest egal wohin gehen können, warum ausgerechnet hierher?«

»Ich weiß es nicht«, antwortete ich. »Griechenland ist nicht fern von hier, vielleicht deshalb.«

»Ich glaube, du magst das Chaos, das hier herrscht. Als hätte Apollo diesen Ort nie berührt.«

»Sprichst du von dir selbst immer in der dritten Person?«, fragte ich bissig.

Als wir zusammen gewesen waren, hatte Apollo Dionysos sorgfältig vor mir versteckt. Die Griechen wussten, dass jeder Gott ein Plural ist. Die Götter verwandelten sich in andere Formen, in Menschen, in Tiere, in andere Götter, aber eine Metamorphose bedeutete für die Hellenen einen vollkommenen Wechsel – nichts von Dionysos steckte in Apollo, obwohl sie ein und dieselbe Person waren. Phoebus war mehrere Dinge, aber das nie gleichzeitig. Der glänzende Apollo hielt nie einen Schlauch Wein in der Hand. Dionysos Bacchus griff nie nach einer Lyra.

Als ich mich in Apollo verliebte, wusste ich natürlich noch nichts über Psychoanalyse. In meiner Jugend kamen mir die familiären Beziehungen auf dem Olymp einfach vor. Wie das Trinken kalten Wassers aus einer unterirdischen Quelle. Doch Eros hatte meinen Blick auf die Welt unwiderruflich verändert, auf die Väter, Mütter, Schwestern. Ich wollte auch Apollos andere, seine verborgene Seite kennenlernen – den Fremden, der im Adyton vergraben ist, den Gott, den er naiven Menschen als seinen jüngeren Bruder vorstellte.

Noch bevor ich wusste, um welche Art von Dualität es sich handelte, fühlte ich mich von der Idee der dionysischen Phallophorie angezogen. Ich nahm häufig an der dionysischen Prozession teil, verkleidet als sterbliche Griechin, und trug ein geflügeltes Glied. Kurz habe ich darüber nachgedacht, mich den Mänaden anzuschließen, aber ihre Manie war mir nicht leidenschaftlich genug. Die Vorstellung von einem zerstückelten Mann wirkte durchaus anziehend, doch wenn sie vom Wahnsinn erfasst wurden, ging es den Mänaden nicht um blutrünstigen Sex. Für sie zählte nur Rache. Ich erzählte Apollo nichts davon, obwohl ich sicher bin, dass er mein Verlangen ahnte und deshalb Bacchus noch tiefer vergrub, wenn ich in der Nähe war.

»Das letzte Sinnvolle über dich hat Euripides geschrieben. Du warst populär, doch heute versteht dich niemand mehr.«

»Ich weiß«, sagte Dionysos.

Ich wollte einen Streit vom Zaun brechen. Ich war sauer, ich konnte mein Herz nicht beruhigen: Es schlug wie wild. Als Dionysos aufblickte, erkannte ich in ihm Apollo. Er konnte auf verschiedene Arten rasend werden, doch Bacchus drückte nur leicht meine Hand, um mich zu ermutigen. In seiner Berührung lag keine Spur rachsüchtiger Wut. Als hätte er alle negativen Emotionen im Wein ertränkt.

»Hast du noch mehr davon?«, fragte ich.

Er holte ein Fläschchen aus der Hosentasche. Ich trank es auf ex. Das Blut schoss mir in den Kopf, ich wurde rot. Ich vertrug Alkohol eigentlich gut, aber jetzt wankte ich, als hätte ich mit diesen drei Schlucken ein ganzes Fass jungen Weins getrunken. Dionysos hielt mich am Oberarm fest, damit ich nicht fiel.

»Es tut mir leid«, sagte er.

Von der Wucht dieser Worte rannten mir Tränen in die Augen.

»Du hast allzu viele Namen, allzu viele Gesichter. Wie soll ich dich nennen? Bacchus? Dionysos? Bromios? Rufer? Dionysos Androgynos? Phallischer Herr? Dionysos, der Vergewaltiger?«

»Vergewaltigung ist eine apollonische Tugend. Ich persönlich befreie die Frauen lieber.«

Bacchus hielt weiterhin meinen Arm, er ließ mich nicht los.

»Du glaubst wirklich, dass du ein Befreier bist, dass du Dionysos, der Heilsbringer bist? Dionysos, der Retter? Ich lach mich tot! Wer hat sich all diese dummen Beinamen ausgedacht? Menschen sind wirklich Idioten.«

»Du hattest immer schon starke Emotionen«, sagte Dionysos, nachdem ich auf seine Schuhe gekotzt hatte.

»Was hast du mir in den Wein getan? Gift?«

»Natürlich«, sagte er.

»Natürlich«, wiederholte ich.

»Mach dir keine Sorgen, du wirst nicht sterben, dir wird nur übel.«

»Mir ist schon übel, seit ich dich erblickt habe.«

Meine Zunge fühlte sich plötzlich starr und hölzern an. Mein Mund war trocken, aber Augenlicht und Verstand waren ungetrübt. Ich sah den langhaarigen Dionysos an, den Verführer. Ich konnte deutlich seine wohlklingende Stimme hören: »Solange die Wirkung des Gifts anhält, muss ich dir erklären, was als Nächstes geschehen wird.«

Ich sah ihn erschrocken an.

Nur ein Idiot wie ich, dachte ich, nur der schlimmste Idiot reagiert auf anonyme Anzeigen im Magazin *Start*.

Durch das Gift, das mir Bacchus gegeben hatte, verlor ich langsam das Gefühl in meinen Beinen.

»Sehr freundlich von dir, dass du keinen BH angezogen hast«, sagte er und schob seine Hand unter meinen Pullover.

»Ich wusste es«, rief ich, aber alles, was Dionysos hören konnte, war ein Röcheln.

»Langsam«, sagte er, »du wirst noch an deiner eigenen Spucke ersticken.«

Er schob langsam mit seinen Fingern meine Lippen auseinander und flößte mit weiterem Wein in den Mund. Mein Herz schlug noch stärker. Mit der Hand stützte er meinen Kopf. Ich konzentrierte mich auf das Etikett der Flasche, aus der Dionysos mir den Wein einflößte: Es war ein mazedonischer Wein namens »Sehnsucht nach dem Süden«. Etwas Besseres hatte ich auch nicht verdient.

»Ein Vergehen ist ein Vergehen, und du musst bestraft werden. Der Zerfall Jugoslawiens hat dich getroffen, aber das reicht nicht.«

Ich dachte an das Schlimmste: Er wird mich vergewaltigen und in Weinreben verwandeln. Was sonst würde ein besoffener Gott tun? Aber dann trat Apollos Zwillingsschwester Artemis aus dem Baum. Die Göttin der Jagd und der Demos. Ihr zu Ehren verprügelten die Spartaner die Jungen und ließen sie auf ihrem Altar ausbluten. Sie war grausamer als Phoebus. Die Nymphen in ihrer Begleitung hatten mir zu gern von Ereignissen erzählt, deren Zeuginnen sie geworden waren: Sie tötete Männer, bestrafte Frauen, selbst jene, denen sie bei der Entbindung geholfen hatte. Wenn Apollo widerlich war, war sie dreimal so schlimm. Keine der Nymphen verstand, warum ich den grausamen Bruder anstatt der noch viel grausameren Schwester gewählt hatte.

»Wenn du diesen Bluthund liebst, dann müsstest du Artemis vergöttern.«

Nicht nur, dass ich sie nicht liebte, ich verachtete sie.

»Der Pfeil, den Eros abgeschossen hat, während Apollo und du euch auf dem Boden herumgewälzt habt«, sagte Dionysos, »der Pfeil, der im Gebüsch landete ...«

»... hat mich direkt in das Herz getroffen«, beendete Artemis Laphria den Satz.

»Du hättest nicht im Gebüsch hocken und deinem Bruder nachspionieren sollen«, sagte Bacchus.

»Ich war neugierig.«

Ich verschluckte mich an dem Wein und an meiner eigenen Spucke.

Ich konnte keinen Schluck mehr herunterbekommen. Artemis sah mich verliebt an. Mein Hass vertiefte sich.

»Eine ungünstige Situation«, sagte Dionysos, »die schöne Nymphe hier glaubt an die Psychoanalyse, sie glaubt, dass ich Apollo bin.«

Er lachte, aber er war genauso traurig wie ich. Er genoss dieses Schauspiel gar nicht.

»Andererseits ist sich die Schöne deines Betrugs nicht bewusst. Wie oft hast du dich in deinen Bruder verwandelt? Zehnmal, zwanzigmal?«

Artemis schüttelte brüsk den Kopf.

»Öfter? Fünfzigmal?«

»Ich habe nicht mitgezählt«, sagte die Göttin.

Der Gedanke, dass ich ihr so oft geholfen hatte zu kommen, erfüllte mich mit Verzweiflung. Alle Tränen der Freude, die Apollo vergossen hatte, waren ihre gewesen.

»Wirst du ihr gestehen, was du alles getan hast, um sie zu verletzen?«, fragte Dionysos sie.

Ich sah ihn wütend an. Er stützte weiterhin meinen Kopf mit seiner Hand. Vom Hals abwärts spürte ich nichts mehr. Artemis lehnte an dem Baumstamm und antwortete ihm nicht. Sie blickte mich nur voller Begehren an. Meine Erniedrigung war vollkommen, nicht zuletzt, weil der Gott des Weins mit seiner anderen Hand weiterhin meine Titte hielt. Er war der größte Tragiker, der Oberdramaturg überhaupt. Die Maske, die er trug, passte hervorragend. Ich konnte sie nicht durchschauen. Er war da, weil es keine größere Tragödie gab als meine: Ich wusste, was mit dem Balkan, mit ganz Europa, mit Nordamerika geschehen würde, aber ich wusste nicht, was mir bevorstand. Er muss mein Leiden genossen haben. Ich schloss die Augen. Wie kam es, dass ich es nicht wusste? Wieso habe ich den Unterschied zwischen Apollo und Artemis nicht gespürt? In den intimsten Momenten hätte ich erkennen müssen, wem ich mich hingebe. Unterschiede hat es sicher gegeben. Bei den Berührungen, beim Küssen, beim Würgen oder den sanften Schlägen auf den Rücken mit einem Eibenzweig. Wessen Pfeile haben ich geleckt, wessen Bogen gespannt? Ich hatte nicht auf den Köcher geachtet: War es der Goldene von Apollo oder der Silberne von Artemis? Vor allem wollte ich wissen, wer von den beiden mich vergewaltigt hatte, der Bruder oder die Schwester? Wer von ihnen hatte an meinen Haaren gerissen und mir den griechischen Boden versaut? Die Fragen strömten auf mich ein, und als hätte er meine Verzweiflung gespürt, flößte Dionysos mir wieder schalen Wein ein. Mit dem Ärmel wischte er die blutrote Spur an meinen Lippen weg und fuhr fort, als wäre nichts geschehen: »Die politischen Versammlungen vor dem Zerfall Jugoslawiens – sag ihr, wer sie organisiert hat.«

»Das will ich nicht.«

»Am 28. Juni 1989, genau an deinem Geburtstag«, sagte Dionysos Bacchus zu mir, »hielt Milošević seine Rede am Gazimestan.«

»Hör auf«, sagte Artemis.

»Aber du bist doch die Göttin der politischen Versammlungen und der imperialistischen Ambitionen, warum bist du nicht stolz darauf? Ist das Amselfeld kein schönes Geburtstagsgeschenk gewesen?«

Hätte ich ein ganzes Feld Bilsenkraut gefressen, wäre mir weniger schlecht gewesen. Es war mir speiübel von dem, was ich mir anhören musste.

»Artemis liebt dich so sehr, dass sie sogar auf das Land eifersüchtig war, in dem du lebtest. Sie hat es buchstäblich auseinandergerissen.«

»Wenn du nicht die Klappe hältst, werde ich dich auch auseinanderreißen«, schrie sie.

»Mal wieder?«, fragte Dionysos besonnen. »Erinnerst du dich daran, welche Lüge die Griechen sich ausdachten, um dich davonkommen zu lassen? Als du es das letzte Mal getan hast«, fuhr er fort. »Sie haben alles auf Hera geschoben.«

»Die arme Hera!«, sagte die Göttin gehässig. Wut entstellte ihr Gesicht.

»Du hast sie lange genug in den Armen gehalten, gib sie mir endlich. Ich begehre sie unendlich!«

Artemis machte einen ungeduldigen Schritt auf uns zu und streckte ihre Arme aus, aber Dionysos umarmte mich fest und wich einige Schritte zurück.

»Ich bin nicht sicher, ob das möglich ist«, sagte er.

Die Veränderung war kaum wahrnehmbar. Wie eine Brise, die ein Blatt auf die andere Seite wendet, veränderte Dionysos seine Gestalt: Jetzt war es Apollo, der mich fest in seinen Armen hielt. Diese Wendung erinnerte mich an Euripides: Wenn man es erwartet, geschieht es nicht, wenn es keine Hoffnung gibt, dann findet Gott einen Weg. So endete auch diese Handlung.

Doch wir drei waren weit entfernt von einem Ende. Apollo und Artemis standen sich gegenüber, von Begehren erfüllt wie ich vom Wein, bis über beide Ohren. Es sah aus, als würden die beiden zerbersten. Sie wollten mich und sie wollten einander. Die einfachen und bedeutungsvollen Worte des Euripides reichten nicht mehr aus, um die Tragödie zu beenden: Die Realität war vielfältiger und komplexer geworden. Im Vergleich zu den alten Griechen waren wir weit gekommen, weit gekommen und viel tiefer gefallen. In dieser Tiefe fanden wir das Unbewusste: Keine Familie stand mehr außerhalb der Tragödie. Dionysos heilte mit dem Wein nicht mehr die Traurigkeit.

Artemis ging vor meinen und Apollos Augen noch einmal durch den Stamm der Ulme, um sich zu reinigen, aber es ist unmöglich, das Begehren durch eine Zeremonie aus einem erregten Körper zu vertreiben. Sie war unwiderruflich davon befleckt, eine Jungfrau, die sich im Morast der Lust gesuhlt hatte. Ihre Tage würde sie verbringen, indem sie durch verschiedene Öffnungen und Risse schlich, durch verschiedene Frauen, nur um zu versuchen mich zu vergessen. Und dennoch würde es ihr nicht gelingen. Es gibt viele Nymphen, aber sie waren nicht der Pfeil, der sie durchbohrte. Der grausamste Gott ist eben doch Eros.

Während Apollo mich mit seinem Schwanengespann eilig aus der Reichweite der wütenden und geilen Artemis brachte, dachte ich darüber nach, ob sich Schwester und Bruder am Ende gegenseitig abschlachten würden. Immerhin waren wir auf dem Balkan. Die Antwort konnte ich deutlich sehen, wie die Schweißspur an Phoebus' Oberlippe, meine vom mazedonischen Wein hölzern gewordene Zunge erlaubte mir jedoch nicht, die Zukunft auszusprechen. Dionysos war tatsächlich mein Befreier: Betrunken konnte ich keine Prophezeiungen machen. Ich schloss die Augen. Die Sozialistische Föderative Republik Jugoslawien existierte nicht mehr. Der Rest war mir egal.

Dorica Kastra

Zunächst waren wir zu viert: Otis Tarda, Runio Clacla, Dorica Kastra und ich. Da das Familienrecht eine ungerade Anzahl von Ehepartnern vorgibt, setzten wir uns zusammen und begannen zu diskutieren, was für eine Person wir unserer Familie hinzufügen sollten. Otis war gegen perverse und dominante Menschen, Runio und ich mochten allerdings genau solche Männer. Dorica enthielt sich, und so überstimmten wir ihn.

»Es kommt so, wie wir es wollen«, sagte ich.

Runio umarmte und küsste mich leidenschaftlich. Otis verließ den Raum. Er konnte unseren Anblick nicht ertragen, so wütend war er. Dorica, die wir alle lieber Kastra nannten, eilte hinter ihm her, um ihn zu trösten.

»Das ist genau der Grund dafür, dass wir dringend eine fünfte Person brauchen«, sagte Runio, »unsere Ehe zerfällt.«

Er hatte Recht. In der letzten Zeit war es uns immer schwerer gefallen zusammenzuhalten. Kastra behandelte alle gleich: Sie hielt uns alle auf gleicher Distanz. Otis und ich kamen immer noch gut miteinander aus. Otis und Runio dagegen stritten sich häufig, obwohl ihr Verhältnis ebenfalls leidenschaftlich war. Eine fünfte Person wäre sicher hilfreich. Außerdem ist vom Ministerium eine Verwarnung gekommen, wir sollten uns fristgerecht jemanden suchen, sonst blühte uns eine erhebliche Geldstrafe. Keiner von uns verdiente viel. Auch deswegen brauchten wir eine fünfte Person: Die finanzielle Belastung wäre besser aufgeteilt. Wir brauchten zudem jemanden, der Otis bei Laune halten und der gleichzeitig Kastra dabei helfen könnte, sich zu entspannen und ihren Teil der Verantwortung zu übernehmen.

»Alle Familien haben irgendwelche Schwierigkeiten«, sagte mir Dorica einmal, »aber mir kommt es so vor, als seien wir besonders schlimm betroffen.«

Wir lagen uns in den Armen, und ich strich ihr über das Haar. Sie hatte kleine Krusten auf dem Kopf, da sie oft so nervös war, dass sie an ihrer Kopfhaut kratzte bis es blutete. In diesem Moment war sie bereits einige Monate bei uns, aber für mich war sie noch immer eine Fremde. Hundertmal war ich über ihren Körper geglitten, ich hätte sie in einer Masse von Menschen sofort erkannt, aber ich kannte sie nicht. Sie weigerte sich hartnäckig, sich ganz zu offenbaren. Hätten Otis, Runio und ich damals ehrlich miteinander gesprochen, hätten wir sicher begriffen, dass jeder von uns nachts eine völlig andere Frau in den Händen hielt.

»Liegt es an mir, dass Runio und Otis so oft streiten?«, fragte sie.

»Nein«, log ich.

Otis, Runio und ich hatten uns ausgezeichnet verstanden, bevor Runio in einem Anflug von Eifersucht Kastra mit nach Hause brachte. Er wollte nur eine Veränderung, aber er brachte das Chaos. Dorica war ausgesprochen zart, dabei waren wir drei Grobiane. Doch wenn Ihr einmal einen Menschen in die Familie aufnehmt, wenn Ihr ihn dem Ministerium als Familienmitglied meldet, dann ist die Sache gegessen. Runio bereute es, aber nun gab es kein Zurück mehr. Kastra hat uns gelähmt. Otis hatte sie in wenigen Monaten beinahe kastriert. Er zeigte keine Libido mehr. Verzweifelt band Runio ihn ans Bett und peitschte ihn bis aufs Blut. Ich konnte es nicht verhindern, da Dorica und ich zu dieser Zeit eine kurze Reise unternahmen, um uns intimer kennenzulernen. Lust und Vergnügen blieben uns jedoch versagt. Bisweilen hatte ich das Gefühl, dass Dorica asexuell sei, dass darin das Problem liegen könnte, aber sie beteuerte, dass das nicht der Fall sei. Wir konnten sie einfach nicht befriedigen. Deshalb entwickelte sie nervöse Ticks. Die Ehe war zu einer schweren Bürde für jeden von uns geworden. Am schlimmsten war es für Otis, der sich in der Liebe immer vollständig hingab, ohne jede Hemmung. Die Tatsache, dass Kastra ihn nicht begehrte, machte ihn völlig fertig.

»Ich kann nicht mehr«, sagte mir Otis ein paar Wochen, nachdem sich Dorica unserer Familie angeschlossen hatte. »Die Frau weiß nicht, was sie will.«

»Sie weiß es ganz genau«, sagte ich, »das Problem liegt darin, dass sie uns nicht will.«

»Aber warum hat sie dann Runio akzeptiert?«

»Ich weiß nicht«, sagte ich, »ich weiß es wirklich nicht.«

Runio versuchte uns zu erklären, dass Kastra mit ihm geflirtet hat, als er sie kennenlernte, doch Otis und ich konnten uns das nicht vorstellen, da sie nie mit uns geflirtet hatte. Seine Beschreibungen einer verführerischen Dorica Kastra entsprachen nicht der Frau, die wir alle jetzt gezwungen waren zu teilen und durchzufüttern. Und was noch schlimmer war – Dorica hatte nichts mit in die Ehe eingebracht: keine Lust, keine Leidenschaft, kein Geld. Jeder von uns versuchte sie zu ermuntern, dann versuchten wir es alle zusammen, wir probierten auch Rollenspiele, aber nichts half. Ihr Charakter saugte langsam all die Freude aus uns heraus. Kastra war ein verwöhntes Baby, das an seinem Daumen nuckelt und nichts zurückgibt. Statt einer Gattin hatten wir ein Kind bekommen.

»Die Person, die ich mir wünsche«, sagte Runio, »muss androgyn sein und unersättlich. Andere Wünsche habe ich nicht.«

»Ich will eine schöne Frau«, warf Otis ein.

Seine Wut war schnell wieder verflogen. Es war das erste Mal nach Monaten, dass wir uns ohne Kastra zusammengesetzt hatten.

»Ein schöne androgyne Frau mit unersättlichem sexuellem Appetit«, fasste ich zusammen.

»Was wünscht du dir denn?«, fragten sie mich.

»Euch beide.«

Sie lachten gleichzeitig.

»Ich wünsche mir jemanden, der uns wieder in Ordnung bringt«, sagte ich. »Es muss eine intelligente Person sein.«

»Natürlich«, sagte Otis, »wir wollen niemanden, der unserer schon nach drei Tagen überdrüssig ist.« Er seufzte traurig.

Ich wusste, dass er an Kastra dachte.

»Dorica ist nicht dumm.«

»Ich weiß, sie benimmt sich nur so.«

Runio umarmte ihn von hinten.

Otis erstarrte kurz, aber dann entspannte er sich.

»Ich liebe dich«, sagte Runio zu ihm.

In dem Moment, in dem ich sagen wollte, dass ich mich gerne dazugesellen würde, bemerkte ich Kastra, die in der Tür ihres Zimmers stand. Sie sah zerzaust und wild aus. Es kam mir so vor, als würde sie uns frustriert und hasserfüllt anschauen, aber dieser Eindruck verschwand schnell wieder, da sie zu lächeln anfing. Meine Brust zog sich zusammen. Ich wusste nicht, was ich sagen sollte. Sie konnte nicht dazukommen, sie würde alles verderben. Ich beschloss, mich zu opfern: »Dorica und ich könnten spazieren gehen«, sagte ich. »Ihr beide geht schön ins Bett.«

Kastra schaute mich verständnislos an.

Ich hätte sie am liebsten an den Haaren gezogen, aber ich musste meine Grobheit zurückhalten. Wir blieben nicht lange draußen. Wir machten einige Runden im Einkaufszentrum. Ich kaufte ihr ein kleines Geschenk, weil unser Hochzeitstag nahte. Sie bedankte sich artig und küsste mich keusch auf die Wange, was mir auf die Nerven ging. Ich wusste, dass mich Otis und Runio auf eine andere Weise geküsst hätten. Keinesfalls keusch und definitiv nicht auf die Wange.

Zu Hause warf ich mich auf die Couch und legte meine Beine auf den Tisch. Kastra verschwand sofort in ihrem Zimmer. Aus Otis Schlafzimmer drang lautes Stöhnen. Ich schloss kurz die Augen: Ich konnte mir deutlich jede Bewegung von ihm und Runio vorstellen. Sie waren verschwitzt, und so wie ich Runio kannte, hatte er Otis wahrscheinlich mit Lederriemen ans Bett gefesselt. Ihre Bewegungen waren fast theatralisch. Die Lust wurde zelebriert und inszeniert. Bestimmt filmten sie sich. Wenn sie das taten, wollte ich später fragen, ob ich mir anschauen durfte, was sie getan hatten, während ich nicht da war. Ich wollte mir die Hände einölen und mich dem Spiel anschließen, aber Kastra hatte mir dermaßen die Laune verdorben, dass ich mich wie betäubt nicht vom Fleck rühren konnte.

Ich versuchte mir eine Frau oder einen Mann als fünftes Mitglied unserer Familie vorzustellen. Wenn es nach Otis gehen würde, bekämen wir sicher eine Frau, die unterwürfiger wäre als ich. Ich konnte sie beinahe ertasten: langes Haar, lange Beine, eine Schönheit, die ihr Geld leicht verdient und die erlaubt, dass Otis alles mit ihr macht, was er sich wünscht, einschließlich jener Dinge, die er sich nie getraut hat, von mir zu verlangen. Otis Tarda war ein merkwürdiges Wesen. Auf der einen Seite ein großer Sadist, und zwar ganz wortwörtlich – er war ein Verehrer von Marquis de Sade, der sich Freunde wünschte und keine Liebhaber – und andererseits ein introvertierter Romantiker, der in jeder freien Minute versuchte, sich Runios und meiner Macht hinzugeben. Doch in seiner Widersprüchlichkeit war Tarda konsistent, und wir machten es ihm gerne recht. Er war eine gespaltene Persönlichkeit, und dementsprechend benannten wir ihn auch: Wenn er grob war, hieß er bei uns Tarda, wenn er nach unserer Grobheit suchte, war er für uns »unser lieber Otis«. Ich konnte mir nur schwer eine Person vorstellen, die ich mehr begehren könnte.

Hätten wir unser neues Familienmitglied nach Runios Prinzip ausgewählt, dann hätten wir eine genderqueere Person bekommen, womit ich gut hätte leben können. Runio Clacla war viel flexibler in seinem Verlangen als Otis und ich. Er brauchte ein Chamäleon, jemanden, der imstande war, alles oder nichts zu sein. Ich denke, dass ihn bei Dorica

Kastra das Versprechen der Vielschichtigkeit angezogen hatte, das jedoch am Ende nicht eingelöst wurde. Ich weiß, dass ihn der Fehler, den er gemacht hatte, bedrückte, aber ich ließ nicht zu, dass er sich selbst damit foltert. Vielleicht hätten wir die Entscheidung über unsere künftige Beziehungsperson einfach ihm überlassen sollen, um ihm zu zeigen, dass wir ihm auch weiterhin vertrauten.

Runio wusste natürlich, dass ich Otis mehr als ihn liebte. Er spürte das. Auf eine gewisse Art war es meine Schuld, dass er uns dieses Kuckucksei in unsere Höhle, unsere *Porno family*, wie wir uns scherzhaft nannten, eingeschleppt hatte. Der Fehler lag bei mir, und wenn hier jemand die Konsequenzen tragen musste, war ich es. Deshalb schrieb ich meinen eigenen Wunsch sofort in den Wind: einen Mann, der eine Mischung aus Otis und Runio gewesen wäre, einen Jüngling, der die Klamotten, die Bücher und die beiden mit mir teilen würde. Gleichzeitig wünschte ich mir – obwohl ich mich schämte das zuzugeben – eine Frau mit männlichen Genitalien. Mein Wunsch war derart spezifisch, dass ich mich schämte, auch nur die geringste Andeutung in diese Richtung zu machen. Schließlich sagte ich, dass ich mir eine intelligente Person wünschte, das war alles.

Kastra unterbrach meine Gedanken: »Sie sind immer noch im Bett«, sagte sie leise.

»Ja«, antwortete ich.

Otis schrie fast vor Vergnügen.

»Früher war er nicht so laut«, sagte Kastra.

»Er hat sich zurückgenommen, er war sauer auf Runio.«

Kastra knackte mit den Fingern, sie war nervös, sie begann wieder an ihrer Kopfhaut zu kratzen.

»Lass das«, sagte ich.

Ich schlug ihr auf die Hand. Für einen Moment lang dachte ich, sie würde zu weinen beginnen, aber sie grinste plötzlich.

»Vielleicht sollte ich zu ihnen gehen und mich anschließen.«

»Ich glaube nicht, dass das eine gute Idee ist. Runio ist possessiv, er mag es nicht, wenn er Otis mit jemandem teilen muss.«

»In der Ehe gibt es keinen Raum für Eifersucht«, sagte Kastra.

»Natürlich nicht, aber in der Leidenschaft ist alles erlaubt.«

»Das Ministerium wäre damit nicht einverstanden. Die Geldstrafen sind erheblich«, antwortete sie.

Ich sah sie an. Dorica kaute an ihren Fingernägeln.

»Du würdest doch wohl nicht deinen eigenen Ehemann denunzieren?«, fragte ich langsam. Ich war bereit, sie zu erwürgen.

»Natürlich nicht.«

Ihr Finger blutete. Sie hatte den Nagel fast bis auf den Grund abgekaut.

»Warum bist du zu uns gekommen?«, fragte ich sie. Ich konnte mich nicht mehr zurückhalten. »Was willst du von uns?«, fragte ich weiter.

»Eine Familie.«

»Ich bin nicht sicher, dass du weißt, was eine Familie ist.«

»Natürlich weiß ich das«, schrie sie. »Ich weiß das ganz genau.«

Sie stand auf und rannte zu Otis und Runio ins Zimmer. Eine halbe Minute später kam sie völlig verheult wieder heraus. Sie knallte ihre Zimmertür hinter sich zu. Ich blieb alleine sitzen, ich konnte ihr nicht helfen, weil ich sie nicht verstand.

Nio Dikter, unser fünfter Ehepartner, war Kastras Wahl. Er hatte einen schlanken Körper und trug Schmuck. Er war das, was ich mir seit jeher gewünscht hatte. Seine Hände gefielen mir, die langen schlanken Finger, die hervortretenden Venen an den Armen. Als ich ihn sah, war es mir völlig egal, ob er klug war oder nicht.

»Nix Gehirn, nur Genitalien?«, fragte Runio bissig.

Er hatte mein Begehren sofort erkannt.

Otis war unzufrieden. Er wollte eine Frau. »Zu viele Männer«, sagte er.

Runio stimmte ihm zu.

Dorica war dagegen außer sich vor Glück. Sie wollte uns nicht sagen, wo sie ihn gefunden hatte. Nio Dikter war schweigsam. Und da war etwas Grausames in seinem Gesicht.

»Ich bin nicht sicher, ob er unsere Ehe retten wird«, sagte Runio.

Kastra hatte niemanden von uns nach seiner Meinung gefragt. Sie hat uns vor fertige Tatsachen gestellt: »Das ist Nio Dikter, unser Gatte.«

Bevor wir protestieren konnten, fügte sie schnell hinzu: »Die Papiere sind bereits unterschrieben.«

Damit hatte sie uns zum Schweigen gebracht, obwohl ich mich sowieso nicht beschwert hätte.

In den ersten Tagen verließ Dikter Kastras Zimmer kein einziges Mal. Otis, Runio und ich wussten nicht, was vor sich ging.

»Vielleicht kennt sie ihn von früher«, vermutete Otis.

»Aber wie war es überhaupt möglich? Ich habe ihn auf keiner der Listen gesehen«, sagte Runio. »Du weißt, dass ich jede Anzeige auf der Suche nach einer neuen Eheperson aufmerksam durchlese.«

Er träumte davon, eine ausreichend große Familie zu haben, die wir dann im Ministerium als Produktionsstätte registrieren lassen könnten. Runio liebte Otis, aber Geld war ihm noch lieber.

»Ich weiß, ich weiß«, sagte Otis, »aber vielleicht hast du ihn einfach übersehen.«

»Wir wissen nicht einmal, welches Geschlecht Nio Dikter hat«, sagte ich. »Wir wissen nicht, was er mag und was er verachtet. Wie ist er wohl, wenn er nackt ist?«

Runio umarmte mich. »Es wird alles gut werden.«

»Lüg sie nicht an«, sagte Otis.

Wir saßen in der Stille. Aus Kastras Zimmer kam nicht ein Geräusch.

Tagelang trafen wir Kastra und Dikter nur in der Küche. Ich konnte nicht erkennen, ob sie glücklich aussahen oder nicht. Ich wartete auf den Moment, in dem ich mit Dikter alleine war. Ich wollte ihn verführen, aber Dorica ließ mich nicht ran. Fast hätte ich auch angefangen, an meinen Nägeln zu kauen.

»Willst du ihn?«, fragte mich Otis.

Jetzt war auch er eifersüchtig. Das brachte ihm Runio noch näher. Das Eintreten Nio Dikters in unsere Familie hatte mich zum fünften Rad gemacht, in ein freies Radikal verwandelt. Das gefiel mir gar nicht. Ich wollte, dass sich das Begehren aller Hausbewohner auf mich richtete, und das tat es auch, aber nicht auf die Art, die ich mir gewünscht hätte. Endlich begann ich zu verstehen, was Dorica Kastra in den vorangegangenen Monaten gequält hatte.

In einem Anflug von Langeweile sah ich Runios Aufnahmen durch. Seine Kamera war offensichtlich ständig eingeschaltet, bereit, auch die kleinste Ehezärtlichkeit oder -gemeinheit aufzuzeichnen. Ich sah, wie er Otis auf den Rücken dreht, wie Tarda ihn in einem Anfall von Leidenschaftlichkeit fast erwürgt und in die Ohrläppchen beißt. In mir blitzte die Idee auf, dass ich die Kamera ganz leicht in dem Schlafzimmer montieren konnte, das Dorica und Nio nur selten verließen. Ich wartete auf eine Gelegenheit, und als sie für einige Momente ins Bad gingen, stellte ich die Kamera auf das Bücherregal. Es gelang mir, sie zu tarnen.

»Was hast du vor?«, fragte mich Otis, als er sah, woher ich kam.

»Ich will teilhaben«, sagte ich. »Ich fühle mich ausgeschlossen, und du weißt, wie neugierig ich bin.«

Otis nahm mich an die Hand, nicht Otis, sondern Tarda (er drückte grob meine Faust), und schob mich in das Zimmer, in dem Runio schon nackt auf uns wartete. Ich war immer glücklich gewesen zwischen Runio und Tarda, aber aus irgendeinem Grund flüchtete mein Verstand ins Nachbarzimmer. Er schob mich zwischen Dikter und Kastra, bei denen es für mich keinen Platz gab. Wir sind zwei Familien in einer, dachte ich, während meine beiden Ehemänner mich in den

Schlaf wiegten. Wir waren die *Porno family*, an der Nio und Dorica nicht teilhaben wollten. Ich schlief unter Schwierigkeiten ein, als würde ich das Bett nicht mit Runio und Tarda, sondern mit zwei großen und kalten Felsen teilen. Das, was mich bis gestern zur glücklichsten Frau der Welt gemacht hatte, reichte mir plötzlich nicht mehr.

Unser Vertrag mit dem Ministerium war, genauso wie im Fall anderer eingetragener Familien, so gestaltet, dass wir unsere Abgaben durch Familienvideos beglichen, die wir zum Staatsarchiv sendeten und auf der Webseite des Ministeriums uploadeten. Sex vor der Kamera war ein ganz übliches Zahlungsmittel: Otis und Runio trugen am meisten bei. Sie versuchten mich zu schonen, so viel sie konnten. Dorica Kastra hatte in dem Jahr, in dem sie bei uns war, nichts aufgenommen, was wir hätten verwenden können. Sie sabotierte uns mit ihren steifen Posen und ihrem kleinmütigen Gesichtsausdruck, zu dem kein Mensch einen Orgasmus bekommen könnte.

Als wir vor drei Jahren unsere Familie registrieren ließen, rätselten Otis, Runio und ich einen Moment lang darüber, welches Formular wir ausfüllen sollten: das gewöhnliche B1, mit dem wir uns verpflichteten, jeden Augenblick unseres Tages mit Ausnahme des Ehebettes und des Badezimmers aufzuzeichnen, oder das B2, bei dem nur explizites Material verlangt wurde. Keiner von uns war Exhibitionist. Nicht einmal Runio, der von uns dreien am fotogensten war, wollte ständig vor der Kamera sein.

»Wenn wir einmal Kinder haben«, sagte Otis, »will ich nicht, dass die Perverslinge jeden ihrer Schritte beobachten.«

Er hatte Recht. Ohne zu zögern, unterschrieben wir das B2-Formular. Als Runio uns später erklärte, warum ihn Kastra angezogen hatte, sagte er, dass sie beide in ihrem ersten Gespräch leidenschaftlich ihr Recht auf Privatheit und Intimität verteidigt hatten. Sie hatten zwar beide einiges getrunken, aber Dorica log bestimmt nicht, als sie Runio versicherte, dass Kameras ein Übel seien. Hätte sie so etwas zu Otis gesagt, glaube ich nicht, dass wir sie aufgenommen hätten. Von diesen Kameras hing unser Leben ab.

Der Alltag war kompliziert. Mit dem Eintritt von Nio Dikter hatte sich die Realität noch einmal aufgefächert. Die Kamera, die ich auf das Bücherregal gestellt hatte, zeigte keine Aufnahme, da Nio sie sofort ausgeschaltet hatte. Es war, als hätte er intuitiv das Objektiv im Zimmer erspürt. Seine Auffassungsgabe erregte mich zusätzlich. Er war klug, daran gab es keinen Zweifel.

Nach den Flitterwochen (auf die Kastra ein verbrieftes Recht hatte) kam Nio Dikter endlich aus dem Zimmer heraus, um den Rest der Familie kennenzulernen.

»Wir müssen erst einmal prüfen, ob die Chemie zwischen uns stimmt«, sagte Otis.

»Ja, das müssen wir«, sagte Nio.

Otis erklärte ihm in kurzen Zügen, was wir filmten.

»Wir filmen nicht jeden Tag«, sagte er, »denn das wäre unmöglich, aber wir dürfen nicht weniger als drei Videos wöchentlich aufnehmen. Drei Aufnahmen sind das Mindeste«, fügte er hinzu.

»Ich verstehe«, sagte Nio Dikter.

»Jetzt, wo wir zu fünft sind, wäre es angebracht, auf fünf zu gehen«, sagte Otis.

»Ich verstehe«, wiederholte Dikter.

Alle seine Antworten waren kurz. Ich fragte mich, wie es möglich sein sollte, Nähe zu einem Menschen aufzubauen, der so wenig sagte. Otis, Runio und ich verbalisierten alles. Ich war Dingen gegenüber misstrauisch, die unausgesprochen blieben. Es ist einfach, einen Körper kennenzulernen, aber es ist schwer, auf einem Video erkennbar zu machen, was ihn anspornt. Dorica lachte die ganze Zeit, sie nahm nicht die Hand von Dikters Rücken. Die Frau, die Otis, Runio und ich trotz gemeinsamer Bemühungen nicht glücklich machen konnten, lächelte ohne Unterlass. Ich war misstrauisch. Mein Blick wanderte immer wieder von Dikters Händen zwischen seine Beine. Er war schweigsam, aber Kastra übersetzte ihn in eine Sprache, die ich leicht verstehen konnte: Sie sah zufrieden aus.

Otis erwischte mich dabei, wie ich die beiden anstarrte, und er drückte meine Schulter. Er holte mich in das Gespräch zurück. »Hast du irgendwelche Neigungen, von denen wir etwas wissen sollten?«, fragte er Dikter. »Etwas, was du für dich behalten willst?«

»Ich war nie unterwürfig«, sagte er.

Otis' Gesicht verkrampfte sich. In dieser Ehe gab es Platz nur für einen Tarda, aber er verkniff sich einen Kommentar.

Runio deutete die Spannung in Otis' Gesicht richtig und zog das Gespräch an sich. »Zwischen dir und Dorica hat es sofort gefunkt. Habt ihr etwas aufgenommen im letzten Monat?«

»Nein«, sagte Nio, »sie muss zuerst aufhören, an ihren Nägeln zu kauen. Sie kann so doch nicht vor die Kamera.« Die Grausamkeit, die ich von Anfang an bei ihm bemerkt hatte, war jetzt für alle offensichtlich. »Du hast die Kamera heimlich aufgestellt?«, fragte er und sah mich durchdringend an.

»Ja«, sagte ich.

»Warum?«

»Ich war neugierig.«

»Du kannst zugucken«, sagte er, »aber nicht filmen. Nicht ohne mein Einverständnis.«

Tarda war außer sich. Die gesamte Wut, die er im vergangenen Jahr an Runio ausgelassen hatte, zielte nun auf ein neues Opfer. »Du kannst ihr keine Anweisungen geben«, sagte er. »Sie ist länger hier als du.«

Nio richtete seinen Blick weiter auf mich. Otis schenkte er keine Beachtung. Sein Ton hatte ihn nicht im Geringsten beeindruckt. »Versprich mir, dass du nicht noch einmal versuchst, mich heimlich zu filmen.« Er klang autoritär.

»In Ordnung«, sagte ich, »aber ich möchte im Gegenzug ein Versprechen von dir.«

»Welches Versprechen?«, fragte er.

»Dass ich immer zugucken kann, wenn ich will.«

Wir reichten uns die Hand. Runio war Zeuge. Otis und Dorica waren nicht mehr im Zimmer. Sie war ihm wieder nachgelaufen, um ihn zu trösten.

Otis, Runio und ich hatten unsere Ehe nicht in der irrigen Annahme geschlossen, dass ein Ehevertrag die ewige Liebe bedeutet. Wir wollten überleben. Wir liebten uns, aber vor allem waren wir Freunde. Otis und ich hatten uns auf der Webseite des Ministeriums kennengelernt. Unsere Profile stimmten überein. Runio meldete sich bald darauf bei uns. Er teilte unseren Enthusiasmus für eine Ehe, in der wir alle die gleiche Last übernahmen und Sexvideos nur dann produzierten, wenn wir wirklich dazu aufgelegt waren. Wir waren kompatibel. Die Chemie zwischen uns war stark und unsere Aufnahmen waren ausgezeichnet. Doch das Problem besteht darin, dass eine Ehe Emotionen nicht verhindern kann, vielmehr hatte unsere Ehegemeinschaft sie entfacht, und es brauchte nicht lange, bis Runio Gefühle entwickelte, die Otis Tarda nicht erwidern konnte. Runio liebte auch mich, aber Otis vergötterte er. Er wurde vor allem deshalb verrückt nach Otis, weil dieser gleich zwei Personen war, die so deutlich unterschiedlich waren, dass die Liebe und das Begehren ihm gegenüber existenzieller waren als das Atmen. Ich kann mir den Augenblick gut vorstellen, in dem Runio – verrückt vor Eifersucht, weil Otis und ich uns in meinem Zimmer eingeschlossen hatten – mit dem Einbringen von Dorica Kastra in die *Porno family* die perfekte Rache auslebte. Er wollte uns verletzen, und das gelang ihm auch.

Die Tage vergingen, Dorica aber blieb weiterhin ein Mysterium. Man konnte zwar sehen, dass sie Otis liebte, aber er bemerkte es scheinbar nicht. Er konnte nicht verstehen, dass Kastra sich ihm nicht vollständig hingab, warum sie ihn auf Distanz hielt. Er gab zu, dass er sich mit ihr wie ein gehorsamer Hund an der Leine fühlte. Sie überließ ihm nicht die Kontrolle. Otis wollte mehr als alles andere ihr Gesicht in vollständiger Ekstase sehen, er wollte, dass sie in seinen Händen zerfiel, aber sie ließ es nicht zu. Als er sah, dass Dorica mit Dikter keine solche Zurückhaltung an den Tag legte, wurde er noch wilder.

»Aber die Ehe ist einfach so«, sagte ich. »Du kannst nicht alle Menschen in gleicher Weise lieben. Damit musst du dich abfinden.«

»Das kann ich nicht«, sagte Otis, »ich bin verrückt nach ihr.«

Er hörte sich an wie Runio. Die Spannung im Haus wuchs immer weiter. Ich begann, auf der Webseite des Ministeriums zu recherchieren, ob es irgendeine Scheidungsoption gab, wir mussten uns irgendwie entflechten. Und das, obwohl ich nicht wusste, wie wir uns voneinander trennen konnten. Dort, wo der Kopf des Einen begann, endeten die Genitalien des Dritten. Mein Mund war zu allem Überfluss in all das verstrickt.

»Die Dinge werden immer komplizierter«, fasste ich zusammen. Wir saßen im Esszimmer.

»Ja«, sagte Nio kurz.

Ich hatte nicht bemerkt, dass er hinter mir stand. Ich wusste nicht, was ich entgegnen sollte.

»Wie kommst du in letzter Zeit im Ehebett zurecht?«, fragte er mich.

»Gut«, sagte ich. »Ich bin nicht hungrig. Ich habe ein Dach über dem Kopf. Und zwei Ehemänner, die mich lieben.«

»Drei Ehemänner«, korrigierte er mich.

Dorica erwähnte er nicht einmal.

»Vielleicht haben wir einen Fehler gemacht«, sagte ich, »vielleicht hätten wir das B1-Formular unterschreiben sollen.«

»Auf keinen Fall«, sagte Nio, »vor den Kameras zu kommen, ist das eine, vor ihnen zu weinen, etwas ganz anderes.«

Er hatte Recht.

»Hat Kastra aufgehört, ihre Nägel zu kauen?«, fragte ich.

»Natürlich«, antwortete Dikter. »Du kannst kommen und dich selbst davon überzeugen.«

Das war die erste direkte Einladung, die er an mich richtete. Wochenlang hatten wir uns absichtlich gemieden, um die Lust zu steigern. Bevor ich die Einladung annehmen konnte, kam Otis Tarda mit einem hochnäsigen Gesichtsausdruck ins Zimmer. Dorica Kastra kam mit hängendem Kopf hinter ihm her.

»Es ist an der Zeit, Marquis de Sade zu lesen. Runio«, rief er, »komm her!«

Es war Sitte in unserer Familie, am Hochzeitstag laut erotische Werke vorzulesen. Otis hatte für dieses Mal die *Philosophie im Boudoir* ausgewählt. Danach würden wir Geschenke austauschen, zu Abend essen und uns alle ins selbe Bett legen. Otis' Bett war allerdings nicht mehr groß genug.

»Wir müssen eine größere Matratze bestellen«, sagte ich.

Runio nickte.

»Heute Abend werden wir auf dem Boden schlafen«, sagte Tarda. »Nackt.«

Dikter widersprach ihm nicht.

Otis begann zu lesen.

Nio und ich schauten zu Boden.

Kastra starrte voller Bewunderung auf Otis' feuchten Mund. De Sade strömte aus ihm wie eine Predigt, und man konnte ihre Erregung sehen. Das war das erste Mal, dass sie ihm aufmerksam zuhörte. Als hätte sie sich gerade jetzt in die Strenge und Verspieltheit von Otis' Intonation verliebt, in die resolute Art, in der er mit den Worten des Marquis' über das Christentum und die Beziehungen in der Ehe herzog. Es lag etwas Komisches darin, und ich lachte.

Tarda sah mich vorwurfsvoll an.

»Zieh dich aus«, befahl er.

Dorica Kastra begann sich anstelle meiner auszuziehen.

»Was machst du da?«, fragte Otis sie.

»Ihr habt mich immer noch nicht ganz nackt gesehen. Ich möchte, dass ihr mich kennenlernt.«

Als er sie nackt sah, verschlug es Otis die Sprache. De Sade fiel ihm aus den Händen.

Kastra gab einen lauten Seufzer von sich und fiel auf die Knie. Sie drückte das Buch zärtlich an ihre Brüste, und dann neigte sie sich zurück zu Tarda. Als ihre Hände wieder frei waren, schob sie sie in seine Hose und begann zu stöhnen. Noch nie hatten wir sie so gesehen.

»Tarda«, sagte Nio Dikter, »lies weiter!«

Otis gehorchte. Als er zu dem Satz kam: »Schaut euch diese Libertine an, wie sie *in Gedanken* kommt, obwohl sie niemand berührt...«, lachte ich laut auf, und Dorica Kastra schluchzte. Endlich hatte sie die Kontrolle über sich selbst verloren. Ihr Gesicht verzog sich vor Wollust. Sie kam mit einem Schrei. Erst jetzt bemerkte ich, dass Nio Dikter eine angeschaltete Kamera auf seinem Schoß stehen hatte.

»Sie hat sich ihr erstes Gehalt verdient«, sagte er.

Dorica Kastra saß auf dem Boden. Unter ihr eine kleine Pfütze. Otis war stolz. Er streichelte ihr über die Wange. Runio streichelte ihn. Der Geist von Marquis de Sade trat als sechstes Mitglied ein in unsere Familie. Ich begann sofort von einer siebten Person zu träumen. Ich drehte eine Haarlocke um meinen Zeigefinger und blickte in die Ferne. Um zum Höhepunkt zu kommen, brauchte Kastra die Literatur. Ich brauchte Menschen. Viele von ihnen.

1740

Ich saß auf der Veranda meines Hauses. Ich schwitzte entsetzlich. Als Vilko das letzte Mal hier war, hat er mir ein Mückenspray und ein Fläschchen Deo dagelassen, ich benutzte beides jedoch nur sparsam. Der Schweiß meiner Achseln glich der Literatur, mit der ich mir die Tage verkürzte. Klebrige Liebesprosa, ab und zu Dostojewski (seinetwegen schwitzte ich vor Unbehagen) und selten – wenn ich meine ganze Kraft zusammensammelte – Naturkunde und Geschichte, Erzählungen über Tiere, vergangene Zeiten und ausgestorbene Arten. Wegen dieser Lektüre schwitzte ich am meisten, aber ich tat so, als flösse der Schweiß wegen der hohen Luftfeuchtigkeit und der Hitze und nicht wegen der Bücher, die ich las. Ich verstellte mich sogar vor Vilko, den ich seit Jahren kannte. Solange sie noch lebte, hatte meine Mutter immer gesagt, sie hätte keine Zeit für Bücher und Klügeres zu tun. Deshalb mochte auch ich das Lesen nicht, doch jetzt stand mir alle Zeit der Welt zur Verfügung. Ich musste sie irgendwie füllen.

Der Mensch ist keine ausgestorbene Art aus ferner Vergangenheit. Aber er ist bedroht durch seine eigenen Bemühungen, um jeden Preis zu überleben. Die Menschen können allerlei überleben, aber wenn ich den ganzen Tag Dinge aufzählen müsste, die die Menschen überleben können, würde ich wahrscheinlich vor Schrecken sterben. Ich steckte meinen Kopf in die Bücher, ich tat so, als hätten sie in solchen Momenten einen Sinn. Ich wollte nicht nachdenken, deshalb las ich. Ich verschluckte Buchstaben. Ein Tropfen Schweiß rollte meine Wange entlang. Ich sage ein Tropfen Schweiß, aber natürlich lüge ich. Ich bin keine ausgestorbene Art, weil ich lüge, und das Lügen hilft mir zu überleben. Ich lüge mein ganzes Leben lang. Ich weiß nicht genau, was ich gerade las, irgendeine historische Lüge, Beschreibungen des Wohlstands in der ruhmreichen Geschichte, irgendetwas über das westliche Römische Reich. Petronius' *Satyricon*? Die Buchstaben sahen verschwommen aus. Ich schwitzte so sehr, dass ich sie nicht klar sehen konnte. Schweißtropfen fielen auf das Papier. Mit einem Baumwolllappen, der auf dem Holztischchen lag, trocknete ich meine Augen. Bevor ich weiterlesen konnte, hörte ich ein Motorengeräusch. Das war Vilko, er kam mit dem Boot zu meinem Haus. Niemand sonst besuchte mich, nur er und manchmal Višnja, seine Frau. Vilko versuchte mich zu überreden, gelegentlich mit meinem Boot zu ihnen zu kommen, aber ich war eine Ratte, die das Schiffsdeck verlassen hatte, um zu überleben. Die Hochwasser hatten mich in dieses Ferienhaus vertrieben. Sehr selten fuhr ich in die Stadt, um einzukaufen, und dann kehrte ich mit eingezogenem Schwanz zurück – ich setzte meinen Zeitvertreib mit der Literatur fort und füllte meine Tage damit, soweit es möglich war. Meist war ich auf der Veranda, von der aus ich die anderen Ferienhäuser und eine Müllhalde betrachtete, die unweit unserer Siedlung lag. Der Müll wurde nicht mehr vergraben, da das Wasser ihn sowieso verteilte. In diesem Moment stand über der Müllhalde ein Regenbogen. Ich starrte ihn an. Ich musste auf etwas schauen, um mich zu beruhigen.

Vilko kam von links auf mich zu, aber ich schaute weiterhin nach vorne. Den schmutzigen und feuchten Lappen hatte ich auf den Boden geworfen. Eigentlich hatte ich ihn nicht geworfen, er war mir aus der Hand gefallen, aber ich gab gerne vor, dass ich die Dinge bewusst tat, dass ich mich bemühte. Als Vilko den Motor abstellte, hörte man wieder das leichte Plätschern des Wassers, das den improvisierten Anleger umspülte, er hatte das Boot schnell und geräuschlos vertäut. Ich sah aus dem Augenwinkel, dass er eine Kiste herbeitrug, aber ich stand nicht auf, um ihm zu helfen. Ich ging ihm auch nicht entgegen, um ihn zu begrüßen. Ich hasse Menschen, sogar die, die ich für meine Freunde halte. Eilig näherte sich Vilko der Veranda.

»Du hast schon wieder geweint?«, fragte er.

Er redete nie um die Dinge herum. Vielleicht war das der Grund dafür, dass ich ihn immer noch als Freund betrachtete.

»Das ist Schweiß«, log ich. »Es ist heiß.«

Ich hatte Kopfschmerzen. Vilko stellte die Kiste vor meine Füße. Darin lag ein Laib Brot, etwas Schweinefett, Milch. Darunter war noch etwas, aber ich berührte das Küchentuch nicht, mit dem Višnja die Lebensmittel abgedeckt hatte, um die Fliegen abzuhalten. Ich registrierte nur das Offensichtliche. Das, womit ich immer rechnen konnte.

»Višnja lässt dich herzlich grüßen«, sagte Vilko.

Ich schwieg. Ich war überzeugt, dass er sich die Grüße ausgedacht hatte.

»Sie konnte nicht mitkommen, weil sie arbeitet, aber sie hat dir einen Kuchen gebacken, und sie schickt dir Löwenzahn-Honig.«

»Wo hat sie denn Löwenzahn gefunden?«, fragte ich überrascht.

»Auf dem Markt, bei der Frau, bei der sie ihn immer kauft.«

Der Mensch lügt und lügt, am meisten belügt er sich selbst. Und jetzt stand Vilko hier vor mir und log mir vor, dass dort, wo Višnja einkaufte, immer noch der Markt war, obwohl dieser Ort nichts mehr damit zu tun hatte, was wir einst für einen Markt gehalten hatten. Ich sah ihn an und riss mich zusammen. Ich wollte nicht, dass mir der Schweiß wieder über die Wange lief. Ich rieb nervös meine Augen, sie juckten. Ich wusste, dass sie gerötet waren.

»Weine nicht«, sagte Vilko.

Er sagte nie etwas, um mich zu trösten, sondern nur um sich selbst zu beruhigen. Wenn die Tränen bei mir fließen, werden sie auch bei ihm kommen, vielleicht nicht sofort, aber wenn er sich wieder in sein Boot setzt und nach Hause fährt, wird er weinen. Er wird sich eingestehen, dass es keinen Markt mehr gibt und dass Višnja den Löwenzahn an einem Ort gekauft hat, der nicht im Entferntesten an einen Markt erinnert. Die Monokulturen, mit denen sie uns ernähren, benötigen keine Märkte mehr.

Er war sich dessen bewusst. Wenn Vilko jetzt nicht zu weinen begann, zeigte das nur, dass er schon geweint hatte, bevor er zu mir kam.

»Višnja schickt dir ein Buch«, sagte er, während er in der Kiste wühlte.

Er drückte mir das Buch in die Hand. Ich schaute, was er mir da gebracht hatte. *Love and the French* von Nina Epton.

»Franzosen und die Liebe, das habe ich schon.«

»Schade«, sagte Vilko.

»Wo hat sie es her?«

»Von derselben Frau, bei der sie den Löwenzahn gekauft hat.«

Ich gab ihm das Buch nicht zurück.

»Dieses ist besser in Schuss als meins. Sag ihr bitte Danke von mir.«

Ich sah, dass er sich darüber freute, dass ich das Buch behalten wollte.

»Sie weiß, dass du dieses Thema und das achtzehnte Jahrhundert magst.«

»Višnja weiß alles«, sagte ich.

Vilko nickte, aber ich war mir sicher, dass ihn mein zynischer Ton gestört hat. Er setzte sich auf den Stuhl neben mir, obwohl ich ihn nicht darum gebeten hatte. Wir sind alte Freunde, er muss nicht fragen.

»Sie hat auch einige Bücher über die Geschichte der Prostitution gefunden, aber die Einbände waren verschimmelt, so dass sie sie nicht mitgenommen hat.«

»Das wären auch zu viele Bücher auf einmal.«

»Ich weiß, aber sie sagt, dass du viel nachholen musst, da du vor der Erwärmung nicht gelesen hast.«

»Wie ich schon sagte, deine Višnja weißt alles.«

Ich sage absichtlich »deine« Višnja, damit ich beobachten konnte, wie Vilko reagierte, aber er saß nur da und schwieg. Wir saßen in der Stille. Ich betrachtete Višnjas und sein Boot. Sie hatten es schon wieder umgetauft. Zuerst stand »Višnja« daran, dann hatten sie es übergestrichen und »Albertina« hingeschrieben. Jetzt stand dort nur »Das Boot«.

»Ihr könnt euch für keinen Namen entscheiden?«

»Albertina ist ein schöner Name, aber ich bin nicht sicher, dass diese Schrottkiste ihn verdient.«

»Das Boot?«

»Das war Višnjas Idee.«

»Natürlich«, sagte ich.

»Du kennst sie ja und ihren Sinn für Humor.«

»Ja, furchtbar«, antwortete ich.

Wir starrten zur Müllhalde. Mir war völlig klar, dass wir uns nicht die ganze Zeit nur über Višnja unterhalten konnten. Ich fragte mich, wer von uns beiden als Erster die Kraft finden würde, das Thema anzuschneiden, das der Grund seines Besuchs war. Die Lebensmittel hätte ich auch selbst abholen können. Es ging um etwas Größeres, etwas Wichtigeres. Vilko wippte manisch mit seinem Fuß. Er machte das immer, wenn er nervös war. Ich musste ihm Zeit geben, damit er seine Gedanken ordnen konnte.

Ich erwartete Gejammer, aber er überraschte mich. Seine Stimme klang aufgeregt, beinahe fröhlich. »Ich glaube, dass wir nah dran sind«, sagte er. »Noch ein paar Wochen, und das Gerät ist fertig.«

»Du machst Witze?«

»Višnja hat die ganze Zeit an dem Programm gearbeitet. Deshalb ist sie nicht mitgekommen. Fink und Gmaz sind bei ihr. Es fehlt nicht mehr viel, und dann haben wir es geschafft.«

»Bist du sicher?« Ich konnte meinen eigenen Ohren nicht glauben.

»Der Code, den du korrigiert hast, funktioniert.«

Ich wusste nicht, was ich sagen sollte. Ich erinnerte mich an die Reihe, die ich auf ein Stück fettiges Papier geschrieben hatte, in das Višnja mir ein Stück Speck eingeschlagen hatte. Meine Striche waren beinahe kalligraphisch, und die Code-Aneinanderreihungen, unachtsam niedergeschrieben, schienen wie der Name Albertina zu sein – schön, aber völlig unangemessen für die Situation, in der wir uns befanden. Ich weiß nicht, woher meine Inspiration kam. In letzter Zeit hatte ich selten den Computer hochgefahren. Ich wollte mich nicht Tag und Nacht mit dem Programm beschäftigen, das Gmaz und Višnja geschrieben hatten. Es wirkte roh, genauso wie der abgesoffene Balkan: hier und da eine Perle, alles andere unruhiges, stinkendes Wasser, auf dem Müll schwamm.

Ich starrte jetzt überrascht dieses Wasser an. Ich wusste nicht, was ich fühlte. Sowohl die Hochwasser als auch die Computerprogramme sind Produkte menschlicher Aktivitäten. Wie ist es möglich, dass wir gleichzeitig derart schöne und widerliche Dinge produzieren?

Vilko drängte mich nicht. Er wusste, dass ich unter Schock stand. Ich fixierte die rote Boje, die mir jemand von meiner Familie zusammen mit einem Fischernetz, Blinkern und einer Angelrute in einem Paket geschickt hatte. Der Wasserstand war höher als je zuvor. In letzter Zeit war ich häufig vom Plätschern des Wassers aufgewacht. Ich hatte Angst, dass der Wasserpegel unmerklich anstieg und wir alle im Schlaf ertrinken würden. War es mir gelungen, Gmaz' Teil des Codes zu reparieren, weil ich Angst hatte – das zumindest hatte Višnja behauptet –, oder deshalb, weil ich um jeden Preis mein trügerisches Sicherheitsgefühl zurückhaben wollte? Ich starrte die Boje und das Wasser an, als schaute ich weit in die Zukunft. Ich mied mein eigenes Spiegelbild im Wasser, da die menschliche Gestalt mir als einziges noch schrecklicher als das Hochwasser vorkam. Meine Gedanken irrten herum, ich wusste nicht, was ich sagen sollte. Ich wollte nicht über Vilkos Worte nachdenken. Sie waren zu wichtig. Deshalb dachte ich lieber darüber nach, dass ich es früher nicht gemocht hatte, ans Meer zu fahren, und jetzt war mir das Meer bis ans Haus gestiegen. Angeln konnte man nicht mehr. Es gab kaum Fische. Die Angelutensilien, die auf meiner Veranda herumlagen, erinnerten mich zusätzlich daran, dennoch behielt ich die Angel und das Netz. Ich warf nichts mehr in den Müll, da ich wusste, dass alles, was ich wegwarf, vom Wasser zurückgebracht wird. Der Mensch konnte sich nirgendwo mehr vor seinen eigenen Fehlern verstecken.

»Ich dachte, es würde nicht klappen«, sagte ich nach langem Schweigen zu Vilko. »Ich war überzeugt davon, dass es nicht klappt.«

Vor dem Hochwasser arbeiteten Višnja, Vilko und ich am Ruđer-Bošković-Institut. Mein Spezialgebiet war die Theoretische Physik, aber ich verdiente mir schwarz durchs Programmieren etwas dazu, da meine Eltern Geld liebten und wollten, dass auch ich es lieben lernte.

»Du neigst zu sehr zur Abstraktion«, hatte meine Mutter gesagt.

Sie wollte, dass ich BWL und Management studierte.

»Das Geld ist da, wo man mit Geld arbeitet«, hatte sie hinzugefügt.

Mein Vater hatte zugestimmt.

»Hauptsache, sie schreibt sich nicht in den Geisteswissenschaften ein«, hatte meine Mutter zu unseren Verwandten gesagt, während sie gemeinsam Schnaps brannten.

Auf dem Balkan schätzte man die traditionellen Werte. Meine Eltern waren da keine Ausnahme. Familie, Geld, Schnaps. Der Schnaps wurde immer bei meinen Eltern gebrannt. In diesem Ferienhaus, in dem ich gezwungen war, alleine zu leben. Ich hatte oft an Obstbäume gedacht, die es nicht mehr gab. An Pflaumen, Birnen, Äpfel. Vor allem an Kirschen. Alle Schnapsvorräte, die meine Eltern auf ihrem Dachboden für meine Hochzeit aufbewahrt hatten, trank ich auf dieser Veranda, da ich wie verrückt Angst vor dem Hochwasser hatte. Trinkwasser konnte man noch finden, aber Schnaps gab es nirgendwo mehr. An meine Eltern dachte ich manchmal, aber an Alkohol dachte ich ständig. Die Erinnerung an den Schnaps hatte mich dazu gebracht, den Code auf das fettige Papier zu schreiben, so verschwitzt und müde, wie ich war. Er fehlte mir entsetzlich. Der Friedhof, auf dem meine Eltern begraben waren, stand unter Wasser. Der Balkan stand unter Wasser. Das, was meinen Kopf noch über Wasser hielt, war die Erinnerung an Kirsch-

Schnaps, Schnaps, der gleichzeitig bitter und süß ist, so wie das Leben, so wie das menschliche Wesen. Wenn der Schnaps gut war, bekam man keine Kopfschmerzen. Ich hatte mir gewünscht, mich zu betrinken, alles zu vergessen, zumindest für einen Augenblick. Tag für Tag starrte ich auf die Müllhalde, ich starrte auf die Folgen. Ich wollte hier wegkommen.

»Wie viele von uns passen gleichzeitig in die Maschine?«, fragte ich.

»Wir alle fünf. Fink und Gmaz könnten sich nach hinten setzen.«

»Ursprünglich hat es nicht Platz für alle gegeben«, sagte ich.

»Ich weiß«, antwortete Vilko, »aber Višnja hat die Kontrolltafel verlegt und unnötige Paneele entfernt. Wenn sie zusammenrücken, passen sie beide rein.«

»Und ich?«

»Für dich gibt es immer Platz.«

»Bist du sicher?«, fragte ich.

Vilko blickte mich an, er verstand meine Befürchtung.

»Višnja wird sich nicht dagegen aussprechen. Du hast ihr bei dem Code viel geholfen.«

»Ich weiß, aber ...«

»Kein aber«, sagte Vilko.

»Es gibt immer ein aber«, korrigierte ich ihn, »vor allem bei Višnja.«

Die letzte Flasche Schnaps hatte ich vor zwei Jahren getrunken. Ich hatte den gesamten Dachboden durchwühlt, um noch eine verirrte und vergessene Flasche zu finden, eine, die vielleicht unter Mutters alte Möbel gerollt war, aber ich fand nichts. Višnja und Vilko hatten nie getrunken, sie wollten geistig anwesend bleiben, nüchtern dem menschlichen Untergang begegnen. Sie waren wesentlich edlere Menschen als ich. Die Wissenschaft sollte im Grunde immer edel sein, aber ich habe mich mit abstrakten Ideen beschäftigt, für die Edelmut keine

Relevanz hat. Die Ideen sind einfach, zum Beispiel die Idee des Fortschritts. Ich war immer für die Idee des Fortschritts, egal wie er aussieht. Ich wollte immer nur vorwärts schreiten. Ich kümmerte mich nicht ums Geld, zumindest nicht in der Weise, wie es sich meine Eltern gewünscht hätten, aber ich habe Geld gemocht, da der Fortschritt eng verbunden ist mit der Idee des Geldes. Jede meiner abstrakten Ideen war eingebunden in die Realität des Geldes. Als Wissenschaftlerin bin ich gescheitert, aber als Programmiererin habe ich mich verwirklicht. Ich habe Geld für andere und für mich selbst verdient. Ich kaufte Immobilien, investierte in verschiedene Fonds und Firmen. Ich hatte am Ende so viel Geld, dass die Summe auf meinem Bankkonto Vilko und Višnja wie ein Märchen vorgekommen wäre. Dieses Geld hatte nichts mit Wissenschaft zu tun, aber es erhöhte die Temperatur um 1,5 ° Celsius, und es hat mein Leben zerstört. Das, was den Menschen abstrakt vorkam, ist sehr konkret geworden, als es begann, ihr Leben zu beeinflussen.

»Als es begonnen hat, dein Leben zu beeinflussen«, so hätte mich Višnja zurechtgewiesen.

»Ich erinnere mich«, sagte ich abwesend zu Vilko, »an einen Kirschbaum, der vor dem Haus meiner Eltern stand. Seine Blüten waren wunderschön, da mein Vater die Obstbäume immer sehr behutsam beschnitt. Dieser Baum fehlt mir am meisten.«

Er hatte diese Geschichte schon so oft gehört, dass er sie auswendig kannte, aber er unterbrach mich nicht. Er spürte, dass ich in eine meiner nostalgischen Launen verfiel, aus der man mich unmöglich befreien konnte.

»Es ist schwer sich vorstellen, dass er einmal hier stand, nur einige Schritte von uns entfernt. Und schau dir an, wie es jetzt hier aussieht.«

Ich zeigte in Richtung Müllhalde.

»Schau dir das an!«

»Ich schaue doch«, sagte Vilko, aber er schaute nicht.

Als ich Višnja das erste Mal die Geschichte von meinem Vater und dem Obstbaum erzählte, war sie gerührt. Vermutlich auch aufgrund der Symbolik ihres Namens, der auf Kroatisch Kirsche bedeutet. Doch dann verstand sie, dass ich weiterhin heimlich den Schnaps vom Dachboden trank, und dann kam sie nicht mehr, um mein Gejammere von den besseren Zeiten nicht mehr hören zu müssen.

»Dir sind die Folgen der globalen Erwärmung völlig egal«, hatte sie einmal verärgert gesagt. »Dir tut es nur leid, dass du diesen Morast, der uns umgibt, nicht trinken kannst, dich nicht damit betrinken kannst.«

Ich hatte ihr nicht widersprochen. Seit dieser Zeit kam Vilko immer alleine. Er hielt mich über den Bau der Maschine auf dem Laufenden. Ich hatte es Višnja nicht verübelt. Sie kam sehr selten, nur dann, wenn sie mich persönlich nach einem sehr komplizierten Detail fragen musste. Sie beriet sich mit mir, ich half ihr, aber sie blieb nie für längere Zeit. Sie blieb nie wie Vilko auf der Veranda sitzen, um sich den Regenbogen über der Müllhalde anzuschauen. Višnja war nie übertrieben sentimental. Man wusste immer schon, dass sie nie Trost im Alkohol suchen würde. Sie konnte mich nicht verstehen.

»Mir ist es noch immer unbegreiflich«, sagte Vilko, »wie du es so leicht geschafft hast, das wichtigste Problem zu lösen, nur mit einem Filzstift auf fettigem Papier.«

Ich hatte allen gesagt, dass mir das ganz unbewusst, in einem Anflug von Inspiration gelungen war, aber auch das war natürlich eine Lüge. Ich hatte den ganzen Tag vor dem Computer gesessen und an meiner Unterlippe gekaut. Ich hatte in Višnjas und Gmaz' Code herumgewühlt, den mir Vilko zusammen mit dem Deo und dem Mückenspray gebracht hatte. Ich konnte die Umrisse ihrer Idee erahnen, ich konnte deutlich ihre Absicht verstehen, eine Absicht, über die sie nur ganz beiläufig gesprochen hatte. Sie hatte mir nie die gesamte Software zeigen wollen, sie brachte mir nur die problematischen Details, bei denen sie Hilfe brauchte. Sie vertraute mir nicht. Ich schaffte es mit Mühe, Vilko zu überreden, eine Kopie für mich zu machen und sie mir ohne Višnjas Wissen zu bringen.

»Ich bin nicht sicher, dass das eine kluge Idee ist«, hatte er gesagt.

»Natürlich ist die Idee nicht klug, aber ihr braucht meine Hilfe.«

Er wusste, dass ich Recht hatte. Fink und Vilko sind Ingenieure, Gmaz ist Programmierer, aber er war nie wirklich kompetent. Višnja macht alles Mögliche.

»Du musst es ihr nicht sofort sagen«, versuchte ich Vilko zu beruhigen.

»Ich muss es ihr sagen, ich lüge sie nie an. Niemals.«

»In Ordnung, aber sag es ihr erst, wenn ich den Code geschrieben habe.«

Schließlich zeigte mir Vilko die Pläne für die Maschine. Die eine Hälfte der Konstruktion hatten sie heimlich im Institut nachgebaut und die andere Hälfte in Višnjas Garage, und zwar mit Teilen, die sie von experimentellen Denkmälern und Skulpturen von Vojin Bakić abgeschraubt hatten.

»Wenn man euch dabei erwischt, dass ihr Werke von Vojin Bakić zerstört, dann verliert ihr beide eure Stellen«, hatte ich gesagt.

»Sie sind auch früher schon beschädigt worden. Man hat die Platten von dem Denkmal auf dem Berg Petrova Gora entfernt, und es ist niemandem etwas passiert.«

»Das war früher«, hatte ich gesagt, »jetzt sind andere Zeiten.«

»Wir haben sie für einen höheren Zweck geklaut«, hatte sich Vilko gerechtfertigt.

Für einen höheren Zweck – das ist eine recht abgenutzte Phrase. Edelmut, höherer Zweck, all das sind dumme Ideen, die nicht einmal die Literatur, die ich in letzter Zeit verschlang, als besonders intelligent oder anregend darstellte. Güte wird überbewertet. Vor allem in der Wissenschaft. Andererseits war das, was ich fühlte, nicht im Geringsten abgenutzt. Ich wollte das Programm zu Ende schreiben, nach meinem Maßstab, mich in die Maschine setzen und endlich fort von hier kommen. Meine Gefühle verdienten die Reise, die Višnja für sich und ihre Kollegen egoistisch vorbehalten wollte.

»Ich gebe dir vierundzwanzig Stunden«, hatte Vilko damals gesagt, »und dann muss ich ihr sagen, dass ich dir eine Kopie gegeben habe. Du darfst mich nicht in Schwierigkeiten bringen«

»In Ordnung.«

Wenn ich sehr traurig war und Vilko nicht in der Nähe, pflegte ich mich in mein Boot zu setzen, um die Umgebung zu erforschen. Die meisten meiner Nachbarn in dieser Wochenendsiedlung hatten die Umgebung von Zagreb verlassen. Ich weiß nicht, wohin sie gegangen sind. Einige waren geblieben. Es waren Freunde meiner verstorbenen Eltern. Vor der Erwärmung hatten alle identische Gärten und Obstbäume gehabt. Alle feierten Ostern und Weihnachten. Aßen Truthahn mit selbstgemachten Nudeln. Einige machten schlechten Wein, andere Honig, aber die meisten brannten Schnaps in großen Destillen. Wenn sich die Nachbarn an irgendetwas von meinen Eltern erinnerten, dann an ihren Schnaps. Auch ihnen hatte meine Mutter gerne erzählt, dass ich glücklicherweise keine Geisteswissenschaften studierte, da ich intelligent sei.

»Sie wird Geld verdienen«, pflegte sie zu sagen.

Meine Mutter konnte nicht wissen, dass ich zwar Geld haben würde, aber keine Zukunft. Sie konnte diese beiden Dinge nicht in Verbindung bringen, da sie ihren Kopf nicht mit Abstraktionen belastete. Sie konnte nicht verstehen, dass abstrakte Ideen konkrete Folgen haben.

»Geld führt zur Erwärmung der Umwelt«, hatte ihr Višnja gesagt, aber es war schon zu spät gewesen.

Višnja stand bei allen Demonstrationen in der ersten Reihe. Als die Vögel begannen auszusterben, selbst die Arten, deren Existenz wir für selbstverständlich hielten, waren Vilko und sie die ersten, die einen Protestbrief an das Institut schrieben und verlangten, dass sich das Ruđer-Bošković-Institut hinter das Amt für Umweltschutz stellte.

»Man muss dem Amt mehr Geld zur Verfügung stellen«, schrieben sie.

Ich machte mich über sie lustig.

»Hast du nicht gesagt, dass Geld ein Problem ist? Und jetzt forderst du mehr davon?«

»Sei nicht zynisch«, antwortete Višnja.

Aber (dieses ewige aber) ich konnte nicht anders. Ich war eine Zynikerin. Es war eine bewusste Entscheidung. Es gehörte zu meinem Charakter. Ich hatte mein gesamtes Selbst in bissige Kommentare einfließen lassen, mit denen ich die Kollegen bei der Arbeit und unbekannte Menschen im Internet überschüttete. Ich verschone meine wenigen Freunde nicht. Ihnen gegenüber war ich am zynischsten.

»Du schweigst schon wieder«, sagte Vilko.

Ich hatte vergessen, dass ich ihm nicht geantwortet hatte. Meine Gedanken waren aufgeregt zur Maschine geflüchtet.

»Wo habt ihr sie untergebracht?«

»Wen?«, fragte Vilko.

»Die Maschine.«

»In der Garage. Wir mussten sie aus dem Institut fortbringen.«

»Kann ich sie sehen?«

»Jetzt?«

Vilko war überrascht. Ich hatte noch nie verlangt, sie zu sehen.

»Wenn es kein Problem ist. Kannst du Višnja Bescheid geben?«

Vilko kramte nervös in seiner Tasche und fand mit Mühe sein Handy. Er rief Višnja an. Ich hörte nicht, was sie sagte.

»Višnja sagt, dass es aktuell zu voll in der Garage ist, aber dass du morgen kommen kannst.«

»Kein Problem«, sagte ich.

Als Vilko losfuhr, setzte ich mich in mein Boot und fuhr hinter ihm her. Er war zerstreut und bemerkte nicht, dass ich ihn verfolgte. Ich stellte den Motor ab, damit es nicht so laut war. Er fuhr weder zur Garage noch ins Institut, sondern zum Haus von Gmaz. Ich erkannte die Fassade. Fink öffnete ihm die Tür. Bevor Vilko das Haus betrat, sah ich, wie er mit dem Fuß den Müll wegkickte, den das Wasser vor die Eingangstür geschwemmt hatte.

»Du kannst nicht nur die Literatur lesen, die dich zum Weinen bringt«, sagte mir Višnja, als ich am nächsten Tag zu ihr kam.

»Du hast Recht«, antwortete ich, »manchmal vergesse ich, wie empfindlich ich bin.«

»Dafür ist deine Mutter verantwortlich.«

»Jetzt musst du sie nur noch für die globale Erwärmung verantwortlich machen«, sagte ich.

»Auch damit hätte ich Recht. Sie hat mich ausgelacht, als ich ihr sagte, sie solle den Müll trennen.«

»Sie wusste es nicht besser.«

»Jetzt kommt ihr ungetrennter Müll zurück vor dein Ferienhaus, um dich zu verfolgen«, sagte Višnja. Sie war gut gelaunt.

»Danke für den Kuchen und den Honig«, sagte ich.

»Vilko hat gesagt, dass du das Buch über die Liebe schon hast.«

»Ja, aber trotzdem danke.«

Ich wollte mich nicht über Liebe unterhalten, sondern über Maschinen, konkret über die eine Maschine. Višnjas Maschine. Als hätte sie es geahnt, schnitt Višnja dieses Thema nicht an. Sie erzählte alles Mögliche, nur um nicht über die Maschine zu sprechen. Zum meinem großen Glück war Gmaz gerade eingetroffen, und zwar mit Teilen, die er an die Lenkerkonsole montieren wollte. Er wollte schnell durch die Küche gehen. Bevor es ihm gelang mir zu entwischen, fragte ich ihn: »Ist das ein Teil von der Lenkvorrichtung eines Schnellbootes?«

»Ja«, sagte Gmaz.

Weder er noch Fink waren besonders gesprächig. Verglichen mit den beiden litt ich an Logorrhö.

»Brauchst du Hilfe?«

Ich wollte die Maschine sehen, und Višnja würde sie mir nie zeigen.

»Du bist doch keine Ingenieurin.«

Višnja sagte nichts, aber ich sah, dass sie sich mit der Hand an den Rand eines Stuhles klammerte. Ich hatte ihr die Laune verdorben.

»Wo ist Vilko?«, fragte ich Gmaz.

»In der Garage«, antwortete er, »er wartet auf das Teil hier.«

Gmaz hob das Konsolenteil an. Er hielt es so lange über seinem Kopf, dass ich mir die Bezeichnung des Modells und die Kontrollnummer merken konnte. Ich folgte ihm in die Garage, wo die anderen schon auf ihn warteten. Bevor wir hinter der Tür verschwanden, sah ich, dass Višnja mich aufmerksam mit ihren Blicken verfolgte. So wie ich die Zahlen an dem Konsolenteil durchschaut hatte, so durchschaute sie auch mich. In dem Moment fühlte ich mich wie ein Stück Plastikmüll, das meine Mutter sich hartnäckig zu sortieren geweigert hatte, solange sie am Leben war.

Fink saß in der Garage am Computer und arbeitete sich detailliert durch eine Berechnung. Vilko war damit beschäftigt, Kabel innerhalb der Maschine zu verdrahten.

»Ich habe es gefunden«, rief Gmaz.

»Alle Achtung«, sagte Fink.

Vilko streckte nur seinen Arm aus, doch Gmaz legte das Teil auf die Werkbank.

»Zuerst muss Višnja es prüfen. Wir können es nicht einfach auseinandernehmen und einbauen.«

»Du hast Recht«, sagte Vilko.

Er trat aus der Maschine heraus, und als er mich sah, konnte er seine Überraschung nicht verbergen.

»Weiß Višnja, dass du hier bist?«

»Wir haben uns gerade in der Küche unterhalten.«

»Dann ist es in Ordnung«, sagte Vilko.

Ich setzte mich neben Fink. Es interessierte mich, was genau er dort tat.

»Was ist das für eine Berechnung?«, fragte ich.

Er wollte nicht antworten.

»Warum verschweigt ihr mir alle etwas?«

Ich wollte, dass meine Frage wie ein Scherz klang, aber mein Ton war ernst.

»Das habe ich angeordnet«, hörte ich Višnjas Stimme hinter meinem Rücken.

»Du vertraust mir nicht?«, fragte ich sie.

Ich kannte die Antwort im Voraus. Immerhin hatten wir jahrelang zusammengearbeitet.

»Nicht im Geringsten«, antwortete sie.

»Es gibt keinen Grund, dass du mir gegenüber misstrauisch bist. Ich habe mich verändert. Jetzt lese ich Bücher.«

Višnja lachte.

»Die Erwärmung hat die Arktis zum Schmelzen gebracht, aber bei deinem Gesicht wird es nie so weit kommen.«

Ich tat so, als hätte ich die Beleidigung überhört. Višnja hatte Recht. Selbst wenn es verheult war, sah mein Gesicht immer gleich aus. Nichts konnte es erweichen. Ich sah wie ein Bösewicht aus. Ich wusste genau, was sie meint.

»Die Genetik ist schuld daran«, sagte ich.

»Schau dir das mal an«, sagte Vilko zu Gmaz.

Er wollte unsere Diskussion unterbrechen. Als ich mich umdrehte, war Višnja nicht mehr in der Garage. Ich berief mich gerne auf die Genetik, da auch das zur balkanischen Tradition gehörte: Genetik, Geld und Schnaps. Višnja war von den Gesprächen mit meinen Eltern angewidert gewesen, als sie mich in unserer Studienzeit besucht hatte. Sie begannen immer mit den gleichen Themen. Zu den Behauptungen meines Vaters, dass ich schön wie meine Mutter und klug wie er sei, verdrehte Višnja nur die Augen. Ich hatte ihre Eltern nie kennengelernt. Ich wusste nicht einmal, woher sie kam.

»Bist du überhaupt von hier?«, hatte ich sie einmal gefragt.

»Das spielt keine Rolle«, hatte Višnja gesagt.

Doch es spielte eine Rolle. Deshalb verschwieg sie es.

Niemand traute sich, die Konsole zusammenzubauen, bis Višnja kam. Ich bot ihnen an, dass ich mit Gmaz die Software durchgehen und die Elemente prüfen könnte, zu denen es noch Fragen gab, aber sie lehnten ab. Fünfzehn Minuten lang saß ich dort in völliger Stille. Nicht einmal Vilko sprach mich an. Irgendwann stand ich auf und ging. Višnja war nicht in der Küche, so konnte ich mich nicht von ihr verabschieden.

Auf dem Rückweg besuchte ich den Nachbarn, der Schnellboote und andere Motorboote verkaufte. Ich schrieb die Nummer der Konsole, die ich mir gemerkt hatte, auf ein Stück Papier.

»Ich werde einige Tage brauchen«, sagte der Nachbar, »aber es sollte kein Problem sein.«

»Danke dir«, sagte ich.

»Danke dir«, antwortete er.

Die Firma, die er gegründet hatte, hatte auch schon vor den Hochwassern gute Geschäfte gemacht, aber jetzt war sie für die Menschen eine Lebensnotwendigkeit geworden. Er hatte sich an fremdem Leiden bereichert. Ich hatte viel Geld in ihn investiert. Es hatte sich gelohnt.

»Geht es dir gut?«, fragte mich Vilko, als er mich das nächste Mal besuchen kam.

Wir hatten uns die ganze Woche nicht gesprochen.

»Ich hatte schon bessere Tage«, sagte ich.

Der Nachbar hatte die Konsole besorgt und sie mir kostenlos überlassen. Kein Tag war besser als der heutige, aber das musste Vilko nicht unbedingt wissen.

»Du kennst doch Višnja«, sagte er, »sie ist nachtragend.«

Nachdem ich mit dem Programmieren ernsthaft Geld zu verdienen begonnen hatte, hatte mich Višnja gebeten, etwas davon dem Institut zu spenden, da sie sich mehr solchen Theorien widmen wollte, die nicht lukrativ waren. Die Ideen, die selbst für die theoretische Physik zu abstrakt waren, landeten häufig in der untersten Schublade des Sekretariats. Višnja dachte nicht marktorientiert, und deshalb war sie nicht profitabel für das Institut. Ich hätte ihr helfen können, aber ich wollte nicht. Wir wussten beide, warum.

»Du musst verstehen, dass ich damals nicht daran geglaubt habe, dass es möglich sein könnte, eine Zeitmaschine zu bauen«, sagte ich zu Vilko.

»Du brauchst dich nicht zu rechtfertigen«, erwiderte er.

»Višnja wird nicht zulassen, dass ich euch begleite.«

»Doch, das wird sie, mach dir keine Sorgen.«

»Sie ist misstrauisch, ich verstehe nicht, warum.«

»Sie glaubt, dass du uns sabotieren könntest.«

»Mach dich nicht lächerlich«, sagte ich zu Vilko, »niemand hat einen größeren Wunsch, von hier fortzukommen, als ich.«

»Ich weiß, aber Višnja glaubt, dass du nicht helfen willst, und dass du einen wertvollen Platz besetzen würdest, auf dem ein Biologe mitreisen könnte oder ein Experte, der die jugoslawische Öffentlichkeit vor der globalen Erwärmung im Jahr 2040 warnen könnte.«

»Ich hatte ihr doch nur gesagt, dass ich nicht glaube, dass irgendjemand von der Kommunistischen Partei Jugoslawiens Verständnis für eine Zeitmaschine und die globale Erwärmung zeigen würde.«

»Wir müssen es zumindest versuchen«, sagte Vilko.

»Aber warum ausgerechnet ins Jahr 1964? Und ausgerechnet nach

Jugoslawien? Warum nicht in die USA? Warum nicht in die Zeit einige Jahre später? Damals hatten die Menschen noch nicht einmal das Internet.«

»Die Kommunisten sind die Avantgarde. Jugoslawien war ein blockfreier Staat. Višnja befürchtet, dass das alles in die falschen Hände geraten könnte. Sie will Kardelj und Krleža treffen.«

»Višnja ist ein Dummkopf«, rief ich.

»Nichts ist dumm an ihrem Vorhaben. Du darfst nicht vergessen, dass die Maschine teilweise von Bakić geschaffen wurde. Er wird als Erster polyvalente Formen erkennen, die er damals erforschte und gestaltete.«

»Und sie will ausgerechnet einen Künstler aufsuchen, damit er ihr im Kampf gegen die globale Erwärmung hilft? Als könnten die Humanisten irgendetwas bewirken. Dass ich nicht lache.«

Višnja war tatsächlich alles, aber kein Dummkopf. Das hätte ich aber nie zugegeben. Alles, was Vilko gesagt hatte, ergab Sinn. Aber ich hatte andere Pläne. Jetzt, da ich die Lenkerkonsole bekommen hatte, genau die, die sie für die Reise benutzen wollten, entspannte ich mich endlich. Ich konnte besser schlafen. Ich hatte keine Albträume mehr, in denen ich ertrank. Ich spürte eine Begeisterung, die ich früher nur in dem süßen und klebrigen Kirschschnaps gefunden hatte.

»Sie will nur das Beste für uns alle«, sagte Vilko.

»Ich bin nicht sicher, dass Višnja die Person ist, die entscheiden sollte, was für mich das Beste ist«, erwiderte ich. »Ich bin überzeugt davon, dass es am Institut Menschen gibt, die eine andere, verantwortungsvollere Entscheidung fällen würden.«

Vilko stand abrupt auf. Er hatte meine Drohung verstanden.

»Ich habe dir gesagt, dass du mitkommst. Aber das ist Višnjas Lebenswerk. Das kannst du nicht leugnen.«

»Sag ihr, dass ich einen Platz in der Zeitmaschine will. Ich will fort von hier.«

»Hättest du Miroslav Krleža gelesen, dann würdest du uns besser verstehen«, sagte Vilko beim Abschied.

Es war dunkel geworden, als Višnja mich anrief.

»In Ordnung, du kannst mitkommen«, sagte sie.

Erpressung funktioniert immer. Selbst wenn ich nüchtern bin.

Die ersten ernsthaften Hochwasser waren 2014 aufgetreten. Die Dämme aus jugoslawischer Zeit waren nicht instandgehalten worden, die Menschen gruben illegal mit Baggern Sand aus und zerstörten die Flussufer, so dass die Häuser der Save ausgesetzt waren. Die Italiener hatten illegal geschützte Vogelarten mit vor Ort gemieteten Gewehren geschossen und schmuggelten sie über die Grenze zurück nach Italien. Das Fällen des Waldes wurde intensiviert. Grünflächen wurden zubetoniert. Und das Wasser konnte nirgendwohin abfließen. Ich kann mich gut daran erinnern, weil Višnja nicht aufhören konnte, darüber zu sprechen, was alles geschehen würde, wenn sich die Menschen nicht änderten. Sie prognostizierte eine Katastrophe. Weltweit waren alle Experten derselben Meinung, aber ich hatte damals meinen Vater zu beerdigen, alles andere war mir egal.

Ich will uns nicht rechtfertigen, aber es ist eine Tatsache, dass wir nicht über die großen Probleme nachdenken können, wenn uns private Traurigkeiten quälen. Mein größtes Problem war meine Mutter und nicht die globale Erwärmung. Ein paar Jahre las Višnja wie besessen die UN-Berichte darüber, was passieren würde, wenn wir dem CO_2-Ausstoß nicht verringerten, und berichtete uns darüber. Am Ende sandte sie uns allen diese Verlautbarungen über den E-Mail-Verteiler des Instituts. Die Mitarbeiter begannen sie misstrauisch zu beäugen. Sie wollten ihre Gehälter verdienen und an der Adria Urlaub machen. Sie wollten nicht darüber nachdenken, dass das Meer ihnen bis vor die eigene Haustür entgegenkommen könnte. Eine solche Entwicklung klang wie Science-Fiction.

»Die Arktis schmilzt«, hatte Višnja immer wieder zu ihren Kollegen gesagt. »Dalmatien und Istrien werden verschwinden. Wir werden unsere Küste verlieren.«

Aber was sollte ich mit einem Eisberg, mir reichte schon meine Mutter. Ich nahm immer den Flachmann mit meinem geliebten Kirschschnaps mit zur Arbeit. Die theoretische Physik half nicht, das Programmieren half nicht, selbst das Geld ließ mich kalt. Vilko und Višnja luden mich mehrere Male zum Essen ein, sie bezahlten, obwohl ich viel mehr Geld hatte als sie. Sie waren gute Menschen, aber es half nichts. Wenn ich über Višnjas Zeitmaschine nachdachte, galt mein Hauptgedanke der Tatsache, dass es keinen Punkt in der Raum-Zeit gäbe, der hinreichend weit entfernt sein könnte, dass ich all meinen Problemen entkommen würde. Vielleicht könnte eine Singularität helfen, dachte ich und trank meinen Schnaps. Egal, ich wollte Višnja kein Geld für ihre Forschung geben.

Wenn ich Vilko am Telefon richtig verstanden hatte, sollte die Reise in das Jahr 1964 in drei Tagen beginnen. Die Verbindung brach immer wieder ab, so dass ich ihn noch einmal anrufen musste.

»Der Computer verursacht Störungen«, sagte er.

Ich hörte Lärm im Hintergrund. Es hörte sich so an, als würde in dem Moment Višnja die Sicherheitshebel und die Konsole prüfe.

»Was soll ich mitnehmen?«, fragte ich.

»Nichts außer Wasser«, sagte Vilko.

An den nächsten drei Tagen beendete ich die Arbeit an meiner eigenen Konsole und prüfte, ob die Fernbedienung funktionierte. Die Tasten waren in Ordnung, und ich übte meine Finger daran. In dem Augenblick, in dem Višnja das Jahr eingeben würde, in das sie reisen wollte, würde ich sehr schnell reagieren müssen, um ihren Befehl zu korrigieren. Ich war nicht sicher, ob sie irgendeine Verschlüsselung eingebaut hatte. Eigentlich war ich sicher, dass sie es getan hatte, da sie mir misstraute, vor allem jetzt, da sie mit meinen Drohungen konfrontiert worden war. In ihrem Kopf bedeutete das Jahr 1964 das Überleben, aber ich vertraute Personen nicht, die nie lügen. Menschen, die nicht lügen und nicht mogeln, wollen nicht um jeden Preis überleben. Višnja hatte Skrupel, und das ist meiner Meinung nach eine große Schwäche. Das Überleben verlangt das Schlimmste von uns. Ich achtete natürlich darauf, dass Vilko keinen Wind davon bekam, dass ich etwas plante, da er Višnja, aber auch die anderen Mitglieder der Besatzung, sofort unterrichtet hätte. Sie glaubten weiterhin, dass Wissenschaft edelmütig sein müsse.

Während ich an der Konsole arbeitete, hatte ich keine Zeit etwas zu lesen, obwohl mich Vilko durch die Erwähnung von Krleža neugierig gemacht hatte. Jetzt war es allerdings zu spät, um seine Bücher zu finden und zu lesen. Višnja glaubte nur an die Art von Fortschritt, die nichts mit Geld zu tun hat, so dass ich annahm, dass auch dieser Schriftsteller, dieser Miroslav Krleža, ihre Überzeugungen teilen würde. Ich wusste nicht, wer der andere Kommunist war, den Vilko erwähnt hatte, Kardelj irgendwas, aber es war mir nicht so wichtig.

Ich hatte die Konsole auseinandergenommen, da sie zu groß war, und die wichtigsten Teile montierte ich in ein viel kleineres Gehäuse, das ich in meinem Ärmel verstecken konnte, damit sie es nicht sahen. Auf dem Rechner hatte ich die Kopie des Programms, das Višnja für die Zeitmaschine geschrieben hatte. Es war nicht schwierig, es meinen Absichten anzupassen. Wir hatten Probleme mit dem Hochwasser, aber technologisch waren wir wirklich weit fortgeschritten.

»Du kannst kommen«, sagte Vilko drei Tage später am Telefon.

Bevor ich mich ins Boot setzte, blickte ich mich um. Ich wollte mir diese Zukunft, die ich unwiderruflich verließ, bis in kleinstes Detail merken. Anstatt des Wassers nahm ich die Konsole und ein Familienfoto mit, auf dem mein Vater, meine Mutter und ich zwischen den Obstbäumen in unserem Garten standen. Links von meinem Vater sah man die Kirsche voller Knospen, unseren beliebtesten Familienbaum.

Als ich die Garage erreichte, waren alle schon bereit und sehr aufgeregt. Sie konnten keine Probefahrt machen, da sie nicht sicher waren, dass sie in exakt dieselbe Zeit zurückkehren würden, aus der sie gestartet waren. Die Zeitmaschine war in dieser Hinsicht nicht ganz zuverlässig, aber Višnja behauptete, dass die Fahrt mit dieser Rappelkiste nur in eine Richtung real sei, genauso real wie die globale Erwärmung. Alle hatten absolutes Vertrauen in sie. Sie wusste, was sie tat.

»Wir haben nur eine Chance«, sagte sie. »Jede weitere Reise wird uns ungefähr +/- 300 Jahre versetzen. Vielleicht sogar mehr. Die Koordinaten, die ich eingegeben habe, bilden ein Sicherheitsnetz, aber auch die können uns nichts garantieren.«

Ich schloss kurz die Augen und stellte mir vor, wie sich der Raum so krümmt, wie es ihm die Zeitmaschine befiehlt. Und die Zeitmaschine sich bewegt, so wie es der Raum wünscht.

»Bist du bereit?«, fragte mich Višnja.

»Ja«, log ich.

Fink und Gmaz setzten sich nach hinten, so wie es Vilko geplant hatte. Über ihren Köpfen hing ein Stück einer Bakić-Skulptur. Višnja setzte sich an die Lenkerkonsole, Vilko an ihre rechte und ich an ihre linke Seite. Ich saß mit dem Rücken zu ihr.

»Test 1, 2, 3«, sagte sie laut.

Ich hörte sie die Tasten drücken und den Sicherheitshebel bedienen. Ich nahm an, dass sie die Zeitmaschine mit ihrem Daumenabdruck verschlüsselt hatte. Auf meiner zusammenklappbaren Miniaturkonsole, die ich mit ihrer synchronisiert hatte, sah ich, dass Višnja den 1. März 1964 eingab. Vilko hatte mir erklärt, wie wichtig es sei, dass wir das Jahr 1964 vor dem 8. Kongress des Bundes der Kommunisten Jugoslawiens in Belgrad erreichten, auf dem die jugoslawischen Kommunisten den »Fünfjahresplan 1961–1965« widerrufen und die große Wirtschaftsreform ankündigen würden, durch die sich die jugoslawische Gesellschaft der Marktwirtschaft und dem Kapitalismus öffnen würde.

»Unsere Probleme beginnen im Dezember 1964«, hatte er gesagt, »wir müssen Edvard Kardelj die Folgen vor Augen führen. Er muss sie sehen.«

Er dachte an die hohe Zahl der Arbeitslosen, aber in Višnjas Kopf war alles miteinander verbunden: der freie Markt, die ökonomische Ungleichheit in der Gesellschaft, die Inflation, die globale Erwärmung. Sie sah immer das gesamte Bild. Das Bild, das ich ständig vor Augen hatte, war mein Familienfoto. Wir saßen dicht nebeneinander in einer Zeitmaschine, aber es trennten uns Lichtjahre. Es war unmöglich, dass wir uns ideologisch versöhnten. Vilko war ein Dummkopf, weil er versuchte, uns zusammenzuhalten, er war ein Dummkopf, weil er mir glaubte.

Bevor es ihr gelang, die Zeitmaschine in Gang zu setzen, veränderte ich das Datum auf meiner Konsole auf das Jahr 1740. Auf ihrem Bildschirm zeigte sich die Veränderung nicht so schnell, dass sie diese hätte bemerken können. Die Manipulation funktionierte, und Višnja drückte den Knopf, der uns ins Zagreb des Jahres 1964 bringen sollte. Als Erster trat Gmaz aus der Zeitmaschine. Er musste sich natürlich übergeben, da die Maschine uns wie ein nasses Strandlaken ausgewrungen hatte. Bevor er nach oben schauen konnte, sprang Fink hinter ihm her. Er hatte die Reise viel besser überstanden.

»Das ist nicht Zagreb«, sagte er.

Er wies mit dem Finger auf Versailles.

»Was ist das?«, frage Višnja geschockt.

»Versailles.«

»Welches Jahr?«, fragte sie. »Wie sind wir hierhergekommen?«

Sie sah mich an. Dann blickte sie auf meine Hände. Sie sah die Miniaturkonsole.

»Du blöde Kuh«, schrie sie, »was hast du getan?«

»Ich habe uns in bessere Tage zurückversetzt. War es nicht das, was ihr wolltet?«

»In welchem Jahr sind wir?«, fragte Fink.

»1740«, sagte ich.

Vilko schwieg. Ich wusste, dass ein Schuldgefühl ihn erfasst hatte.

»Das ist schrecklich«, sagte er etwas später. »Niemand von uns kann Französisch.«

»Da irrst du dich«, sagte ich fröhlich.

Im Unterschied zu den anderen beherrschte ich diese Sprache fließend.

»Ich kann euch beibringen, wie man Kirsche auf Französisch sagt – *cerise*«, sagte ich. »Merkt euch dieses Wort gut, da ihr es brauchen werdet.«

Alle waren sichtlich beunruhigt. Sie wussten nicht, was sie mit dem französischen achtzehnten Jahrhundert anfangen sollten, aber ich war bestens vorbereitet. Ich rechnete damit, dass wir gute fünfzig Jahre bis zur Französischen Revolution hatten, bei der sich Višnja bestimmt bestens zurechtfinden würde, aber jetzt waren wir auf meinem Terrain. Wir waren in der süßesten und zügellosesten Epoche des französischen Königs Ludwig XV. angekommen. Ich sehnte mich nach dem liederlichen Benehmen seiner Höflinge.

»Ein süße Kirschlese wartet auf uns«, sagte ich.

Das achtzehnte Jahrhundert verhieß andere Strömungen, fernab von all jenen Folgen, die ich auf der eigenen Haut spüren würde. Višnja weinte. Ihre Tränen riefen eine Flut von positiven Gefühlen in mir hervor, Gefühle, die ich seit langer Zeit nicht mehr empfunden hatte, seit dem Tod meiner Mutter.

Vogelbeobachtung

Für Brane

Du stehst wie versteinert in einem Kornblumenfeld. Du schwitzt unter den Achseln. Gestern hast du dich übel betrunken. Du stehst zwar nicht wirklich in einem Kornblumenfeld, aber es fühlt sich so an, als würdest du dort sein: Du denkst an das Gift der Feldnelke, du denkst an Saponin und Muskelkrämpfe. Du siehst dich selbst wie Vieh an dieser Pflanze kauen, da du glaubst, dass sie dir bekommen wird, doch du wirst daran sterben. Du stirbst unter Qualen, und niemand wird da sein, um dir zu helfen. Plötzlich verschwinden die hässlichen Gedanken.

Du betrachtest den bestellten Boden und die Formulare, die du in der Hand hältst. Wie viele Minuten stehst du schon bewegungslos dort? Fünf oder mehr? Zehn? Die Zeit windet sich um deine Beine, nein, nicht die Zeit, es sind Weizenähren. Du schiebst sie mit dem Fuß zur Seite. Du trittst auf jemandes Brot. Du verlierst deinen Verstand und weißt nicht warum. Über deinen Kopf versammeln sich Wolken. Bis vor kurzem war es heiter. Du hast sogar in ein Formular eingetragen, dass es nicht bewölkt sei, aber jetzt? Du korrigierst den Eintrag auf 60 % Wolkendecke. Das ganze Dokument wird vollgekritzelt sein: Gerade schreibst du das Eine, und schon musst du es wieder durch etwas Anderes ersetzen. Die Natur dementiert jedes deiner Worte.

Es gibt zahlreiche Rubriken auf dem Formular. Du musstest deinen Vor- und Nachnamen eintragen, das genaue Datum (5. Mai), den Namen der Siedlung (Mala Mlaka), die Temperatur (17 °C), die Transekt-Nummer (E4788 N2539), die Koordinaten (x: 457245 y: 155715) sowie eine kurze Beschreibung des Biotops (eine Kombination aus Dickicht, Wiese, niedrigen und hohen Getreidekulturen). Bei deinem Namen hast du am Anfang innegehalten, du konntest dich für einen Augenblick nicht daran erinnern. Elis, du heißt Elis. Dein Vater hat dir diesen Namen gegeben, weil er Trakl mag: *Ein goldener Kahn. Schaukelt, Elis, dein Herz am einsamen Himmel.* Du kennst das ganze Gedicht auswendig, so oft hast du diese Verse aus Vaters Mund gehört, dass dir davon übel wird. Du verachtest deinen Namen, doch die Vögel, über die der Dichter geschrieben hat, könntest du nie hassen. Den Blick, den andere auf sich selbst richten, hältst du in Richtung Himmel gewandt. Jeden Tag dankst du Trakl dafür.

Gestern warst du bei der Geburtstagsfeier deiner Schwester. Du warst nervös, da dein Blick immer wieder auf die Hände deines Schwagers fiel: Er schnitt die Torte an. Er hielt das Messer wie ein Schwert. Sie haben keine Kinder, das findest du gut. Sonst würdest du dich noch schlechter fühlen. Nie wirst du zugeben, wie sehr du ihn liebst.

»Möchtest du ein Stück?«, fragte er dich.

Du nicktest, aber du dachtest nicht an die Torte. Seine Bewegungen sind viel süßer. Du bist verliebt. Du darfst es niemandem sagen. Das Geheimnis wird mit dir begraben.

Du trinkst einen Schluck Tee aus einer Thermosflasche. Die Pause ist vorbei, du gehst weiter. Bis neun Uhr musst du alle Punkte besichtigt haben. Alle hundert Meter bleibst du stehen, fotografierst mit dem Handy in alle vier Himmelsrichtungen (ein Beweis dafür, dass du dort warst), und dann gönnst du dir fünf Minuten, um die Landschaft in Ruhe anschauen und belauschen zu können. Das Formular umfasst zwei Kreise, einen kleineren mit einem Durchmesser, der mit dreißig Metern bezeichnet ist, und einen größeren mit hundert Metern. Du stehst jeweils in der Mitte wie eine Vogelscheuche. Und trotzdem darfst du die Vögel nicht verschrecken. Deine Aufgabe besteht darin, sie zu zählen und in die Kreise einzutragen: die, die über den Kreis hinwegfliegen, und die, die sich auf dem Feld, auf den Ästen und auf den Stinkmorcheln befinden. Du musst auch die verborgenen Arten erfassen, die man nur hört. So entfernt wie die Vögel sich von dir befinden, so entfernt bis du auch von dir selbst, aber das kannst du nirgendwo festhalten. Das Formular hat kein Feld, das vorgesehen ist für intime Bemerkungen. Das Landwirtschaftsministerium der Republik Kroatien bezahlt nicht 1500 Kuna für eine Arbeit, die aus Nachdenken und Erinnern besteht.

Dein Blick wandert über die Kreise. Auf der ersten Seite hast du notiert: Mot. fla, Syl. atr, Syl. com, Stur. vul (acht Exemplare), Cor. corax, Cor. corni (im Flug). Dann – nichts mehr. Du bist nicht zufrieden. Zu wenige Vögel. Sie meiden dich. In der Ferne hörst du einen Kuckuck. Schon wieder. Du notierst diesen Ruf zum fünften Mal außerhalb der Kreise, am Rand: Cuc. can. Daneben setzt du ein fettes Fragezeichen. Hast du ihn wirklich gehört oder hast du dir es nur eingebildet? Schon wieder: Cuculus canorus. Du versuchst ihn zu erblicken, aber vor dir erstreckt sich ein dichtes Feld aus Weizen und Gerste. Am Himmel nichts. Nichts, Elis. Die leeren Kreise ziehen sich zu wie Schlingen. Auch du fühlst dich leer. Bis vor Kurzem hast du auf dem gemähten Rasen gesessen, du hast tief geatmet, doch du verspürst keine Erleichterung. Je leiser die Umgebung ist, desto tiefgehender wird deine Unruhe.

Dennoch, die Natur ruht nicht. Der Himmel sammelt fleißig Wolken, als wollte er sie alle besitzen. Nach deiner Einschätzung übertrifft die Bewölkung inzwischen 75 %. Die Lufttemperatur sinkt abrupt. Dieses Absinken spürst du auf deiner Haut. Der Wind, der am Anfang nicht einmal eine Brise war, lässt die Papiere in deiner Hand kraftvoll flattern und droht, sie über das Feld zu wehen. Du verstehst diese plötzliche Veränderung nicht. Vielleicht sind solche Umschwünge Anfang Mai ganz üblich. Du weißt es nicht, du bist kein Meteorologe. Du bist nicht einmal ein Biologe, sondern ein Bänker, ein Vogelliebhaber, ein

Amateur-Ornithologe. Du bist hierhergekommen, um es zu genießen, aber wie sollst du es genießen, wenn du hier in deiner eigenen Gesellschaft bist?

Fünf Minuten werden zu einer Ewigkeit. Du stehst und wartest. Die Zeiger deiner Armbanduhr bewegen sich nicht. Du hörst den Kuckuck, er ist laut – als flöge er über deinen Kopf hinweg. Er fliegt über das Gut, es ist jedoch unklar, wie der Wind diesen Ruf bis an deine gespitzten Ohren trägt: Die Stimme kommt aus der dem Wind entgegengesetzten Richtung. Als das Rufen aufhört, gehst du gehorsam dem Klang entgegen. Du gehst in eine Richtung, die nicht auf der Landkarte vermerkt ist. Du entfernst dich vom Beobachtungspunkt. Du kommst vom Weg ab. Du läufst langsam. Deine Beine gehören dir nicht mehr. Um dich zu ermutigen, rezitierst du innerlich Trakl: *O, wie lange bist, Elis, du verstorben. Dein Leib ist eine Hyazinthe, in die ein Mönch die wächsernen Finger taucht.* Plötzlich wird dir klar: Die Stimme in deinem Kopf, die diese Verse spricht, gehört nicht dir. Die Verse sprichst du unter Zwang. Du läufst noch immer. Du schwitzt. Du bist am Waldrand angekommen. Noch einen Schritt und du trittst hinein. Du willst es nicht, aber du bist im Wald. Der Kuckuck ist ebenfalls dort. Du hörst ihn. Er stöhnt laut, wie ein erregter Mensch. Verstorben bist du, Elis, verstorben. Du fragst dich, bar jeder Sentimentalität, wer seine Finger in dich eintauchen wird, wenn du stirbst? Dein Vater? Deine Schwester? Dein Schwager?

Würdest du die Treppe zu deiner Wohnung hochlaufen, dann würdest du die Schritte zählen. Das machst du immer, aber jetzt hat dieses pedantische Verhalten keinen Sinn. Es gibt kein Aufsteigen. Das Laufen über eine ebene Oberfläche ist keine Herausforderung. Würdest du über die Wolken in den Himmel steigen, dann würdest du sie zählen, so wie du jeden Tag das Geld in der Bank zählst, Elis. Millionen, Milliarden. Anstatt der Kuna- und Eurobeträge verabschieden dich, der du voller Angst bist, nun die Verse in den Wald. Das ist natürlich die Schuld deines Vaters. Was für einen blöden Namen er dir gegeben hat. Er klingt wie der Name eines Opfers und nicht wie der Name eines Bänkers.

Iva, die junge Frau, die vor dir das Monitoring der häufigsten Vogelarten in Mala Mlaka durchgeführt hat, zog sich plötzlich aus dem Projekt zurück. Sie hat dir sogar das benachbarte Botinec überlassen, ohne irgendeine Erklärung. Du erinnerst dich, dass sie sich einmal darüber beklagt hat, dass sie auf dem Feld einen aufdringlichen Bauern kennengelernt hat, der sie mit seinem einzigen Sohn bekannt machen wollte. Sein Haus lag auf der anderen Seite des Waldes (du erinnerst dich an ihre Worte, sie haben sich tief eingeprägt), umgeben von Bäumen und einem Getreidefeld. Iva sagte – du erinnerst dich daran, während du läufst: Der ganze Hof ist von Kornblumen überwuchert, und auf jede Garbe Getreide kommen genauso viele Kornblumen. Diese Pflanze, die anderswo ausgestorben ist, sprießt bei Vater und Sohn wie verrückt. Du hast dir sofort gewünscht, dieses Unkraut zu sehen. Du wolltest diesen Junggesellen sehen, den Iva erwähnte. Eigentlich wolltest du ihn nicht sehen. Wie kommst du jetzt darauf? Du hast die Koordinaten des Hauses eindeutig in der Mappe eingetragen, damit du es sicher umgehen kannst. Der Wunsch, dorthin zu gehen, kommt aus dem Nichts. Er hat sich dir gemeinsam mit dem Ruf des Kuckucks aufgezwungen. Er ist dir untergejubelt worden. Du bist verwirrt. Du denkst an den Mann, den du nie gesehen hast. Der Kuckucksruf begleitet dich bis zu seiner Tür. *Elis, wenn die Amsel im schwarzen Wald ruft, dieses ist dein Untergang.* Du hörst keine Amseln. Du hörst nur das Schlagen des eigenen Herzens. Die Erregung, genauso wie die Bewölkung, übertrifft 90 %.

Bisweilen führen die Gedanken ihr eigenes Leben. Deine irren gerade entlang undurchdringlicher Pfade, sie hüpfen wie Gämse herum. Sie klettern dorthin, wohin niemand sonst gelangen kann. Jetzt, wenn du aus dem Wald getreten bist und das Haus erblickst, von dem Iva erzählt hat, sind da Millionen dieser Gämse. Er gelingt dir nicht, sie alle zu zählen: Sie vermehren sich wie die anzüglichen Bilder, die du in deinem Computer sammelst. Unter diesen Bildern ist auch ein Familienfoto, auf dem dein Schwager mit nacktem Oberkörper zu sehen ist. Mit dem einen Arm umfasst er deine Schwester und mit dem anderen dich. Dieser Arm ist dir lieber. Den anderen würdest du am liebsten abhacken.

Du klopfst an die Tür.

Ein alter Mann öffnet dir. »Mein Sohn«, sagt er zu dir, als würdet ihr euch kennen, »sitzt in seinem Zimmer. Geh dorthin.«

Du widersetzt dich seinem Befehl. »Wer seid ihr? Was ist das für ein Haus?«

Du weißt, dass er dir nicht antworten wird. Du stehst da wie angewurzelt. Der alte Mann schiebt dich und zieht an dir wie an einem bockigen Maultier.

Deine Füße rutschen über den Linoleumboden. Fast sagst du ihm: »Ich bin ein einflussreicher Mann, ich habe viel Geld.«

Der alte Mann interessiert sich nicht für dein Geld. Das spürst du. Für ihn und für seinen Sohn ist ein Körper die einzige Währung. Er schiebt dich weiter. Mit einem Fußtritt öffnet er die Tür. Du siehst ein Bett. Darauf sitzt dein Schwager. Jetzt ist nicht nur sein Oberkörper unbekleidet. Du weißt, dass du dir das einbildest, aber es ist dir egal. All die Millionen von der Bank würdest du hergeben, damit das, was du jetzt tust, Wirklichkeit wird. Du streckst den Arm aus, mit dem du ihn auf dem Familienfoto um die Taille greifst.

Das Wesen steht vom Bett auf und umarmt dich. Du weißt, Elis, dass es nicht der Mann deiner Schwester ist. Du weißt es, aber du kannst dir nicht helfen. Das Wesen gleitet mit der Hand langsam über deine Augen, als wolle es dich in den Schlaf streicheln, aber du schläfst ja schon. Er muss dich nicht dazu überreden. Du hast dich nicht verirrt. Du bist überzeugt davon, dass du freiwillig hergekommen bist. Ab und zu schimmert unter der Gestalt des Schwagers das Bild des Wesens durch: Es ist monströs. Es sieht aus wie ein Halbvogel. Es hat einen Rabenschnabel – riesengroß. Das Gesicht ist von grauen Federn bewachsen. Die Brust ist männlich. Die Streifen, die seine Hüften überziehen, ähneln denen eines Kuckucks. Die starken Beine enden in Krallen. Dein Vater hat in hässlicher Weise mit deinem Namen gespielt, aber die Natur war diesem Wesen noch viel unbarmherziger gegenüber. Sein Begehren parasitiert an deinem. Du kannst dir keine schlimmere Strafe vorstellen.

Du legst dich ins Bett (wenn man dieses Nest, in das du dich legst, so nennen kann), *Ein sanftes Glockenspiel tönt in Elis' Brust am Abend, da sein Haupt ins schwarze Kissen sinkt.* Du bist natürlich dieser Elis, aber du weißt nicht genau, was dieses schwarze Kissen bedeutet. Du weißt nicht, ob das Wesen dich penetriert oder es sich in deinen Mund erbricht. Etwas geschieht mit deinem Körper. Die Krämpfe hören nicht auf. Dir ist schlecht. Als hättest du die gesamten Kornblumen dieses Hofs gegessen, so versteinert bist du. Dein Körper ist paralysiert. Du beherrschst ihn nicht mehr. Früher konntest du dein Begehren nicht beherrschen, aber das hier ist schlimmer. Die ganze Zeit über hältst du die Augen geschlossen. Als du sie öffnest, stehst du unbewegt in dem Feld. Du bist verschwitzt. Du schaust auf den bearbeiteten Boden und in die Formulare, die du verkrampft in deinen Händen hältst. Wie viele Minuten hast du bewegungslos dagestanden? Fünf oder mehr? Zehn? Du musst sofort Iva anrufen. Du willst nichts mehr mit dem Monitoring zu tun haben. Die Vogelbeobachtung ist nichts für dich. Du fühlst dich schwach. Etwas sticht in deinem Bauch. Wüsstest du es nicht besser, dann würdest du sagen, dass das, was du unter deiner Haut spürst, ein großes Vogelei ist.

Die Leiden der jungen Lotte

> *O du, die du sie mir und meiner Liebe gebarest,*
> *Hältst du sie, Mutter, umarmt; dreimal gesegnet sei mir!*
> *Dreimal gesegnet sei dein gleich empfindendes Herz mir,*
> *Das der Tochter zuerst weibliche Zärtlichkeit gab!*
>
> Friedrich Gottlieb Klopstock

Juni

Der Moment, in dem du mich erblickst, ist für uns beide entscheidend: Ich schneide Schwarzbrot in Scheiben und verteile diese an meine Geschwister. Du schließt daraus, dass ich eine großzügige Person bin. Du irrst dich gewaltig. Alles, was meine Mutter mir vorenthalten hat, bin ich bereit, anderen wegzunehmen, aber das sieht man mir nicht an. Ich bin hübsch gekleidet, bereit für den Tanz. Ich sehe niedlich aus. Dir gefällt das weiße Kleid, das mit roten Bändern verziert ist. Du bist auch meinen Handschuhen und den winzigen Perlenschließen am Handgelenk nicht gleichgültig gegenüber. Wir schauen gleichzeitig in den Himmel, da wir wissen, dass das Unwetter das Fest verderben wird. Ich freue mich auf den Schauer. Ich habe das weiße Kleid angezogen, denn diese Farbe wirkt am besten, wenn sie durchnässt ist. Meine Verdorbenheit kannst du nicht einmal erahnen. Das Brot, das ich verteile, ist immer schwarz.

Wir unterhalten uns über Literatur. Ich sage dir heuchlerisch, dass ich jene Schriftsteller am meisten mag, die realistisch über solches Leben schreiben, das auch ich selbst lebe: Mein Leben ist nicht perfekt, sage ich, aber für mich ist der dörfliche Alltag dennoch die größte Glücksquelle. Ich lüge dir direkt ins Gesicht, aber du bist überzeugt davon, dass Schönheit und Wahrheit eins sind, und ich bin wirklich wunderschön. Ich lobe Klopstock. Du stimmst zu. Du schaust in meine Augen, denkst jedoch an meinen Arsch.

Wir diskutieren über Nichtigkeiten. Wir haben den Saal noch nicht erreicht, und schon tanzen wir ein verbales Menuett. Wir tanzen, ohne uns zu berühren. Es ist zu früh dafür. Wenn es dir gelingt, mich zu berühren, werde ich dafür sorgen, dass dich diese Berührung teuer zu stehen kommt. Ich lächele, aber meine Fröhlichkeit sagt nichts über mich aus.

Während wir Walzer tanzen, dreht sich die Grausamkeit gemeinsam mit uns im Kreis. Ich spüre den besitzergreifenden Druck deiner Hände. Du atmest kaum – so erregt bist du. Dein Begehren ist wie ein Plissee-Rock – größer und schwerer, als es aussieht. Auch ich bin schwer, aber du bist davon überzeugt, dass du mich mit großer Leichtigkeit über das Parkett schweben lässt. Mir ist sofort klar, dass du von Frauen keine Ahnung hast.

Dann gehen wir spazieren. Als wir uns hinsetzen, reichst du mir zwei Orangen. Du bist besessen von ihnen, du willst auf keinen Fall, dass ich sie teile. Bei jedem Stück, das ich esse, gebe ich ein Stück meiner Nachbarin. Wie süß ist deine schmerzverzerrte Fratze? Ich steche das Messer direkt in dein Herz und warte ab. Tiefer will ich nicht gehen. Du hast die Qual verdient.

Als wir nach der Pause erneut tanzen, achte ich darauf, dass meine alte Nachbarin, die Albert vergöttert und die jede Gelegenheit nutzt, ihn zu erwähnen, in der Nähe ist. Ich will, dass du seinen Namen hörst: einmal, ein zweites Mal. Er ist dir nicht entgangen. Du fragst mich sofort, wer er sei. Ich zögere die Antwort hinaus, wir trennen uns bei einer Achterfigur, und ich tue so, als hätte ich die Worte auf der Zunge.

Ich lasse deine Agonie tiefer werden. Ich runzele meine Stirn. Ich tue so, als wolle ich dich nicht verletzen.

»Albert ist mein Verlobter«, sage ich.

Du stolperst über die eigenen Füße, du bist verwirrt. Du setzt die Tanzschritte falsch. Aus deiner Brust späht nur noch der Messergriff heraus.

Ich will, dass du zumindest erahnst, wie reich mein Innenleben ist. Als endlich das Unwetter beginnt und alle vom Donner erschrocken die Flucht ergreifen, schlage ich ein Gesellschaftsspiel vor, das dir deutlich meinen Charakter zeigen wird.

»Hört zu!«, sage ich, »ich werde euch von rechts nach links umkreisen, und so werdet auch ihr zählen, immer im Kreis, jeder muss die Zahl sagen, die ihm folgt, und zwar so schnell wie möglich. Wer ins Stottern kommt oder einen Fehler macht, bekommt eine Ohrfeige.«

Ich gehe schnell, laufe immer schneller, ohrfeige meine Nachbarn, meine Bekannten. Dich schlage ich zweimal, etwas stärker als die anderen. Deine Wangen werden rot. Am liebsten würde ich dir sagen: »Was bist du nur für ein Dummkopf, Werther!«, denn man sieht, dass du es genießt.

Nachdem alle auseinandergegangen sind, stehe ich neben dem Fenster. Draußen regnet es in Strömen. Es weht ein Wind, und eine Böe bringt meine Augen zum Tränen. Du denkst, dass ich aufgrund der Wucht der Emotionen weine. Du beugst dich vor und küsst die Hand, mit der ich dich geschlagen habe. Du blickst in meine Augen. Du hast nichts kapiert.

Zehn Tage später nennst du Mutters Kinder meine Kinder. Du sagst: Charlottes Kindchen. Du wälzt dich mit meinen Brüdern auf dem Boden. Du siehst aus wie ein Schwein. Du bist ein Schwein. Ich renne in die Küche und stopfe mir ein Stückchen Schinken in den Mund. Ich stelle mir vor, wie ich deinen gepökelten Oberschenkel fresse.

Juli

Wir beginnen meinen Monat mit deinen größten Ängsten: An erster Stelle steht die Möglichkeit, dass du mich verlierst. An zweiter Stelle, dass du eine Stelle annimmst. Du genießt es, so hast du es mir im Vertrauen gesagt, Kohl und anderes Gemüse anzubauen. Du würdest dich lieber damit beschäftigen – hartnäckig widersetzt du dich den Überredungsversuchen deiner Mutter – als in den diplomatischen Dienst einzutreten. Deine einzige Verpflichtung besteht darin, mich ständig zu besuchen, stundenlang mit mir herumzusitzen und mich bei Spaziergängen in die Natur zu begleiten. Du bist ein Befürworter des schlichten Lebens in der Provinz. Wo du auch hingehst, setzt du dich für bäuerliche Freuden und Unschuld ein. Doch von innen bist du ein Knäuel, das sich nur bei Szenen schlimmster Verdorbenheit und schlimmsten Leidens entwirrt. Immerhin bist du ein vorbildlicher deutscher Bürger. Beständig lügst du dir selbst vor, dass du in meiner Anwesenheit kein Verlangen empfindest. Du redest dir ein, dass du mich tiefer und inniger liebst als jene Frauen, die für ein kurzweiliges Vergnügen in der Provinz gut sind, doch wir beide wissen, woran du denkst, während du die Kohlköpfe in deinen Händen hältst. Du lobst meinen literarischen und musikalischen Geschmack, aber wenn du nach Hause kommst, versuchst du einen Akt von mir zu zeichnen. Unsere Diskussionen über Lessing sind überflüssig. Die Zeichnung meiner Silhouette ist völlig hinreichend.

Am Abend küsst du die Zettel, die ich dir schicke. Dein Diener hat es mir verraten. Du weißt nicht, dass ich sie unter meinen nackten Hintern lege, während ich Klavier spiele. Du glaubst, dass der Bote sie zerknittert hat, aber nein – sie haben sich unter meinem Gewicht verformt. Du wärest gerne jeder Stuhl, auf dem ich sitze, aber das kannst du dir nicht eingestehen. Immerhin bist du ein empfindsamer Mensch. Du äußerst dich im Vokativ wie ein Dichter.

Als Albert Ende Juli endlich von seiner Reise zurückkehrt, erreicht deine Impotenz den Höhepunkt. Sobald wir alleine sind, lobst du ihn lautstark: Oh, wie sensibel Albert doch sei. Ach, wie sehr er mich liebe. Ach, wie intelligent und gefasst er sei. Alles, was du gerne über dich selbst sagen würdest, schreibst du ihm zu. Sobald du ihn erblickst, wirst du auf der Stelle hysterisch: Du lachst lauthals und machst Scherze. Du bist ein kranker Mensch. Du glaubst, dass ich dich pflege bis zu deiner Gesundung, aber Frauen sind keine kalten Umschläge, sondern eisige Wirbel, die das Fieber entflammen. Es liegt nicht in meinem Interesse, dass du je gesund wirst. Am Ende kann nur eins stehen: der Tod.

August

Du möchtest ein Mitglied meiner Familie sein, ohne meine Verwandten überhaupt zu kennen. Du kennst meinen Vater nicht, mit seiner falschen Freundlichkeit. Du kanntest meine Mutter nicht, die eine unversiegbare Quelle für fremde Leiden und für Unbehagen war. Du zwingst uns deine Erscheinung auf, du möchtest meinen Brüdern und Schwestern ein Vater sein. Du möchtest, dass sie unsere Kinder sind, dass wir sie zusammen erziehen. Das sind nicht meine Wünsche. Ich will nicht Familie spielen. Das ist kein Menuett, das ich genießen könnte. Wenn ich im Kreise der Familie atemlos werde, wird das nie durch freudiges Drehen hervorgerufen.

Während wir zusammen im Garten Birnen pflücken, geht mir dein Gespräch mit Albert durch den Kopf, über das er mir später berichtet hat. Du hast seine Pistole von der Wand genommen und wolltest dir damit in den Kopf schießen. Er redete auf dich ein, dass Selbstmord eine Dummheit sei. Du hast leidenschaftlich deine Position verteidigt, dass das Leiden, das der Mensch ertragen könne, seine Grenzen habe.

Du hast ihm gesagt, dass die Liebe ebenfalls eine Krankheit sei: Es sei in Ordnung, ihretwegen zu sterben. Du sagtest: »Es ist in Ordnung aufzugeben, auch wenn du nicht einmal im Tod aufgeben würdest.«

Es tut mir natürlich leid, dass Alberts Pistole nicht geladen war. Nur Schießpulver könnte dir deine dummen Vorurteile aus dem Kopf blasen.

PS: Am Monatsende haben wir deinen Geburtstag gefeiert. Albert hat dir das Buch gekauft, das du dir gewünscht hast. Bevor er es dir schickte, habe ich das rote Band in das Päckchen geschoben, das ich trug, als wir uns kennenlernten. Du standest am Rande des Abgrunds. Man brauchte dich nur zart anzustupsen.

September

Von meiner Mutter kann ich nur nachts erzählen, da die Erinnerung an sie das Böse ist, das nicht die geringste Spur von Licht verträgt. So viele Kinder hat sie geboren, aber so wenig Liebe hat sie der Welt gegeben! Sie manipulierte uns alle. Albert weiß darüber bestens Bescheid. Er verurteilt meinen Hass nicht. Für dich ist Mutterschaft dagegen ein Heiligtum, und immer, wenn ich meine Mutter erwähne, glaubst du, dass ich mit Bewunderung von ihr spreche. Du liebst deine Mama. Du ignorierst sie, aber du liebst sie. Ich stelle mir die Zärtlichkeiten vor, mit denen sie ihren Liebling großgezogen hat. Ich könnte nie ihren Platz einnehmen, deine Schwächen pflegen, als wären sie das größte Geschenk an die Menschheit. Du bist unfähig zu leben. Ständig gibst du dich Träumereien hin. Du zeichnest meinen Akt, du wünschst dir, dass Albert stirbt. Du bildest dir ein, dass es mir etwas bedeutet. Ich will dich nicht von deinem Irrtum erlösen, weil du unerwiderte Liebe verdienst. Du verdienst eine Mutter, so wie ich sie hatte.

Meine Mutter hat auf dem Sterbebett von mir verlangt, meinem eigenen Vater eine gehorsame Gattin zu sein! Meinen eigenen Brüdern eine Mutter! Manchmal, wenn ich an ihrem Zimmer vorbeigehe, betrete ich es und spucke heimlich auf ihr Bett. Du erinnerst mich bisweilen an sie. Hinter deiner Empfindsamkeit hockt ein böser Verstand. Im Vergleich zu dir ist Albert wahrhaft ein gütiger Mensch. Seine Grobheit bleibt innerhalb des Schlafzimmers, wo ich sie mit Leichtigkeit ertragen kann.

Anfang des Monats stehen wir unter der Kastanie, der Mond bescheint die Allee, entlang derer du mir tagsüber nachläufst. Ich rede Unsinn. Ich bin beunruhigt. Du hängst an jedem Wort, das ich über den Tod sage.

»Wir werden uns wiedertreffen«, sagst du, überzeugt davon, dass ich genau das hören will.

Als Albert mich später nach Hause begleitet, unterhalten wir uns darüber, wie sehr ich dich verachte. Er kommt später heimlich durchs offene Fenster in mein Zimmer. Er würgt mich eine Zeit lang, damit ich mich entspannen kann.

Oktober, November, Dezember, Januar, Februar, März, April, Mai, Juni

Lebt eine Frau überhaupt, wenn es in der Nähe keinen Mann gibt, der darüber klagt, wie sehr er in ihrer Anwesenheit leidet? Natürlich, aber wer schert sich schon darum? Du bist in den Dienst irgendeines Adeligen geflüchtet. Albert und ich haben geheiratet. Einer von den Hochzeitsgästen sagte: »Schade, dass Walter nicht hier ist.« Die Leute haben deinen Namen vergessen. Sie haben dich lebendig begraben.

Juli

Wir haben es kaum geschafft, einen Klumpen Erde auf dich zu werfen, und schon bist du von den Toten auferstanden. Du bist mit eingezogenem Schwanz zurückgekommen. Du beobachtest, wie Albert seinen Arm um meine Taille legt. Die Eifersucht zerfrisst dich. Ich hatte Recht: Du bist ein böser Mensch.

August

Ich habe einige Briefe an die Familie geschrieben. Ich wollte fliehen. Albert sagte mir sofort, dass das keine schlechte Idee sei, aber mein Vater, meine Brüder, sie haben mich traurig angeschaut. Ab und zu kam es mir so vor, als heulten sie wie an einen Baum angekettete Dorfköter. Wer würde ihnen das Brot schneiden, wenn ich fortginge. Aus wessen Hand würden sie essen, wenn es mich nicht gäbe.

Du kamst ständig zu uns. Albert lachte. Deine Aufdringlichkeit imponierte ihm. Deine Tränen waren manchmal wie ein Balsam für die blauen Flecken, die Albert auf meinem Körper hinterließ, vor allem an den Hüften, die du »verstohlen« berührtest. Für jede unziemliche Berührung und jeden unziemlichen Blick bestrafte Albert mich später. Beinahe hätte ich mich offen dafür bei dir bedankt. Mit deinem Begehren hast du unsere Ehe gefestigt.

September

Lass uns ein für alle Mal mit der »Verherrlichung« der Menschen abschließen, die du im Gespräch mit mir hartnäckig als »rohe und ungebildete Klasse« bezeichnest. Du lobst die Bauern so, dass du sie beleidigst. Du sagst, dass du ein schlechterer Mensch als sie seist, weil du »gebildet« bist. Doch wenn du ein wenig genauer darüber nachdenkst – ist es nicht so, dass sowohl Bauern als auch Philister von den gleichen Müttern erzogen werden, die ihren Söhnen immer Ja und ihren Töchtern stur Nein sagen?

Du preist den Diener, der versucht hat, seine Herrin zu vergewaltigen, da deiner Meinung nach ein solcher Ausbruch von Leidenschaft ehrlich und gesund sei, während Skrupel ein Zeichen für bürgerliche Krankheit seien. Doch dann erzählst du Albert mit unverhohlener Verachtung, dass die Bäuerinnen allzu freizügig seien. Mich, die ich gebildet und fröhlich bin, rühmst du, sie, ungebildet und fröhlich, bespuckst du. Und warum in Gottes Namen sagst du nicht ganz offen, dass du mich am liebsten vergewaltigen würdest, aber die Klopstock-Lektüre dich daran hindert? Ich glaube allerdings nicht, dass es in Ordnung ist, immer die Dichter, wie pathetisch sie auch sind, für die eigenen Triebe verantwortlich zu machen. Er gibt nichts Romantisches in der Unwissenheit und der bäuerlichen Grobheit. Das habe ich dir unzählige Male gesagt. Ich konnte dich in deiner Meinung nicht erschüttern. Flammend hast du deine Haltung verteidigt, nach der uns Bildung handlungsunfähig macht und daran hindert, so zu reagieren, wie wir es uns tatsächlich wünschen. Albert und ich lasen zwischen den Zeilen: Du bist zu Grausamkeiten bereit, von denen sich keine Frau je erholen würde.

Wenn Albert mein Atmen kontrolliert, beobachtet er die Farbe meines Gesichts. Er konzentriert sich auf meinen Atem. Du würdest meine

Augen anstarren und dich in ihnen spiegeln. Du würdest mich erwürgen, nur um mich für immer besitzen zu können. Dir ist es egal, ob ich lebe oder sterbe. Die Frage des Lebens stellt für dich ein Detail dar, mit dem sich nur gutmütige und dümmliche Landeier herumplagen. Du stehst über dem bloßen Überleben. Dem Philister ist der Tod kostbarer. Vor allem der Tod einer Frau. Du glaubst, dass du so feinfühlig bist, aber Kohl lügt nicht. Einem Kohlkopf ist es einerlei, ob ihn raue, grobe Bauernhände oder die gepflegten Hände eines Salonphilosophen halten. Ich bin dieser Kohlkopf. Ich füttere euch alle, aber nur Albert schert sich um meinen Appetit.

Du hast meine Botschaft, die an Albert gerichtet war (ich schrieb ihm, ich könne es kaum abwarten, dass er nach Hause zurückkehre), abgefangen. Du hast laut davon geträumt, dass die Botschaft an dich gerichtet sei. Es gelingt mir normalerweise leicht, meine Gefühle zu verbergen, aber dieses Mal locktest du den Ausdruck eines Ekels in meinem Gesicht hervor. Du sahst deutlich, wie mich dein Kommentar aus der Fassung brachte. Ich hasse es, wenn ich auch nur kurz die Kontrolle verliere, wenn ich meine Emotionen nicht beherrschen kann. Vor allem in Anwesenheit gemeiner Männer, die so tun, als stünden sie unter meiner Macht. Ich schrieb Albert sofort, dass ich es keinen Augenblick mehr in deiner Anwesenheit ertragen könnte, und er schlug mir vor, dass ich ihn mit der Kutsche abholen möge. Ich brauchte zwei Tage, um wieder zur Ruhe zu kommen. Während ich außerhalb des Hauses weilte, begriff ich, dass ich irgendetwas unternehmen musste. Ich konnte dich nicht mehr ertragen. Ich wartete darauf, dass du mich überfällst, um Albert zu zwingen, dich zu einem Duell herauszufordern. Da du selbst nicht imstande bist, den Abzug zu ziehen, müsste man jemandem anderen das Schießpulver überlassen, um die Aufgabe zu Ende zu bringen. Um dich zusätzlich zu provozieren, kaufte ich einen Kanarienvogel und fütterte das Vögelchen vor deinen Augen mit

Brot. Ich erlaubte ihm, einige Krümel von meinen Lippen zu picken. Meine Botschaft war eindeutig. Du wandtest den Kopf ab. Tief im Inneren wusstest du, dass ich selbst einem Tier das geben würde, was ich dir verweigerte: ein Krümelchen Zärtlichkeit, eine winzige Gnadenbezeugung.

Deine Nerven lagen inzwischen blank. Du warst voller Wut. Man ließ zwei Bäume fällen, zwei Walnussbäume, die du geliebt hattest. Du hast aus diesem Grund die Frau des Pfarrers angegriffen. Du wolltest sie erwürgen. Du hast vor Albert, vor mir und sogar vor meinem Vater herumgebrüllt. Alle Menschen im Ort wussten, dass weder der Pfarrer noch seine Frau dir wieder vor die Augen treten durften. Obwohl die Bäume vor ihrem Haus standen, nanntest du sie immer »meine Walnussbäume«. Ich war kein Kohlkopf mehr. Ich war zu einem gefällten Baum geworden.

Oktober

Du bewunderst autoritäre Figuren – Fürsten, literarische Größen und Albert. Ich weiß nicht, wie er in diese Gruppe geraten ist, da Albert keine väterliche Figur sein will. Er möchte keine komplizierten Beziehungen zu Kindern haben.

November

Während wir Alberts Geburtstag feierten, fiel mir auf, dass du zu viel trinkst. Du versankst in deinem Glas. Du sagtest kein Wort, aber deine Augen verrieten alles. Du starrtest Albert an, als wären deine Pupillen

Dolche. Immer wieder streiftest du mein Kleid, deine Hände wanderten freizügig umher. Ich war nicht sicher, ob dir dein Verhalten bewusst war oder ob der Wein dich dazu gebracht hatte.

Auch ich trinke gerne, aber nicht vor dir. Meine Zunge würde sich sicher lösen. So habe ich vor einigen Jahren Albert gestanden, dass ich ihn begehre, und ihm detailliert erklärt, was ich von ihm erwarte. Ich war jung, als wir uns kennenlernten, aber schon damals wusste ich, was ich wollte. Der Wein hat auf dich nicht die gleiche Wirkung. Selbst wenn du ein ganzes Fass Wein trinken würdest, könntest du nicht zugeben, wonach du suchst. Albert wusste es immer. Deshalb sind wir da, wo wir sind: glücklich in deinem Unglück.

Ich riet dir, nicht so viel zu trinken, aber nicht aus Sorge um dich. So wie du dich verhalten hast, haben sich auch andere Männer vor dir verhalten. Die gleichen Blicke, die gleichen Berührungen, der gleiche schlechte Atem und die gleiche Lüge, die sie Wahrheit nennen. Ich habe »die Liebe« leider schon an eigener Haut erlebt. Dir ist der Unterschied zwischen Zärtlichkeit und Gewalt nicht bekannt. Der Wein trug keine Schuld, aber die Mütter tragen – gemeinsam mit den Dichtern – einen Teil der Verantwortung. Nachdem die Gäste gegangen waren, bliebst du mit mir und Albert am Tisch sitzen. Du erzähltest von Dichtern. Deine Mama erwähntest du nicht.

»Wenn ich einen der Dichter aus alten Zeiten lese und in ihm mein eigenes Herz erkenne, oh, wie quält es mich! Ich wusste nicht, dass die Menschen auch vor uns so elend waren, dass sie genauso gelitten haben.«

Du lalltest nicht. Du hörtest dich nüchtern an.

»Wir alle leiden, Werther«, sagte Albert. »Du bist nicht der Einzige.«

»Aber du leidest weniger als andere. Du hast Lotte.«

»Sie ist kein Talisman«, sagte Albert knapp.

»Du musst sie im Herzen tragen«, sagtest du. »So wie ich. Dann wird sie es sein.«

Albert lachte. Er war nicht verärgert. Er tippte mit dem Finger an seinen Kopf und sagte: »Ich trage sie hier.«

»Ich auch!«, sagtest du. Du schlugst dir laut vor die Stirn. Von eurem Gespräch wurde mir übel. Als ich mich anschickte, den Tisch zu verlassen, begannst du dich zu erbrechen. Endlich konnte ich aus der Nähe sehen, wie du von innen bist. Es war ekelhaft.

In den darauffolgenden Tagen zeigtest du immer offener, wie sehr du mich haben wolltest. Du zügeltest dich nicht mehr. Du starrtest mich an, du rezitiertest bedeutungsschwere Verse, du achtetest darauf, immer dann zu kommen, wenn Albert nicht zu Hause war. Ich saß am Klavier, spielte und sang bis zur Erschöpfung, nur damit ich mich nicht mir dir unterhalten musste. Ab und zu weintest du laut, auch darin hast du dich nicht gezügelt. Deine Emotionen kamen immer sichtbarer zu Tage. Hättest du wenigstens weiterhin über deinen Gemüsegarten gesprochen, es wäre vermutlich weniger tränenreich gewesen.

Dezember

Meine Musikalität reicht für viel mehr aus als für Menuette, Walzer und andere virtuose Stücke, die man am Klavier spielt. Die Klänge, die ich am meisten genieße, sind die Klapse der Handflächen auf dem nackten Po. Den gleichen Klang haben auch meine Hände produziert, als ich dich vor einem Jahr beim Tanzen ohrfeigte. Ich bin mir sicher, du hast es nicht vergessen. Ich denke darüber nach, diese Ohrfeigen zu wiederholen. Albert hat mir erzählt, dass du beim Spazierengehen zufällig Henrik getroffen hast. Du hast dich sofort in ihm wiedererkannt. Du fühlst mit ihm, da du überzeugt davon bist, dass er meinetwegen verrückt geworden ist.

»Lottes Augen haben ihm den Verstand geraubt«, sagtest du.

»Unsinn«, sagte Albert zu dir, »sie hat nichts damit zu tun.«

Mein Vater stellte Henrik als Schreiber ein, als Mutter noch lebte. Es dauerte nicht lange, bis er mir den ersten Liebesbrief schrieb. Es waren immer Spuren seiner Tränen auf dem Papier. Schreiber sind merkwürdige Wesen. Sie sind zwar keine Schriftsteller, aber auch ihnen fehlt es an Phantasie. Mir wurde übel von seinen pathetischen Sätzen wie von seinen auf mir klebenden Blicken voller Verlangen.

Einmal, als mein Vater nicht zu Hause war, wollte ich Mutter zu Hilfe holen, weil meine Brüder auf die Klaviertasten einschlugen. Ihre Zimmertür stand einen Spalt breit offen, und ich sah – obwohl es das letzte auf der Welt war, das ich sehen wollte – den Schreiber Henrik auf ihr liegen. Mutter lag auf dem Bauch, sie bemerkte mich nicht. Beide stöhnten laut. Am Anfang hörte ich nur das Klavier. Ich hörte, wie Kinderfäuste grob auf die Tasten schlugen. Ich war außer mir. Mama wurde immer lauter und lauter, aber ich hörte nicht ihre Stimme, sondern den Klang ihres Hinterns, den keine Noten erfassen können würden.

Henrik machte mir weiterhin den Hof. Während ich Klavier spielte, war er immer irgendwo in der Nähe. Er kam zu jeder Mahlzeit. Er berührte mich unter dem Tisch.

»Er ist fleißig«, sagte mein Vater.

Meine Mutter stimmte zu. »Er ist unermüdlich«, sagte sie.

Nach kürzester Zeit hatte sich Henrik bestens eingelebt. Es fehlte nur wenig, und Mutter und er würde die Zärtlichkeiten, die sie im Bett austauschten, offen zur Schau stellen. Vor ihren zahlreichen Kindern und sogar vor ihrem Mann. Es lag etwas besonders Widerwärtiges in der familiären Art, mit der mich Henrik ansprach, wenn meine Mutter in der Nähe war. Vielleicht wollte er sie eifersüchtig machen? Ich bat meinen Vater um die Erlaubnis, meine Cousinen zu besuchen, und er gab sie mir. Vater entging nie etwas. Er wusste alles. Er sah alles. Als ich von meiner Reise zurückkehrte, sagte er nur knapp, dass es Henrik nicht gut gehe und dass er seine Stellung habe verlassen müssen. Er hatte ihn entlassen.

»Nachdem du abgereist bist«, sagte mein Vater, »ist der junge Mann vollständig verrückt geworden.«

Diese Worte verbreiteten sich in der Nachbarschaft. Alle begannen, mich vorwurfsvoll anzuschauen.

»Meinem Sohn ging es gut, und er war gesund, bevor er seinen Dienst antrat«, sagte seine Mutter immer wieder. »Charlotte hat ihn ins Irrenhaus gebracht.«

Als du Henrik trafst, begleitete ihn seine Mutter. Was hat sie dir genau gesagt? Dass ihr Sohn vorbildlich und ruhig gewesen sei, dann aber plötzlich melancholisch wurde, Fieber bekam und im Irrenhaus gelandet ist? Du glaubtest ihr sofort, da du mich für eine tödliche Gefahr hältst. Bäuerinnen sind Geschlechtskrankheiten, wegen mir erkrankt die Seele.

An die Leser

Von Albert

Charlotte will den Namen Werther nicht mehr hören, und sie bat mich an ihrer statt euch zu berichten, was genau geschah. Sie sagte zu mir, Albert, du bist Anwalt und kannst nicht besonders schön schreiben, aber es ist besser, wenn du die Leser langweilst, als dass ich es tue.

Als ich Lotte kennenlernte, erkannte ich sofort, dass sie ein Genie ist. Sie war sechzehn Jahre alt und wusste viel mehr als ich. Wenn Charlotte zum Beispiel leidenschaftlich über Lessing sprach, bewegten sich ihr Augenbrauen auf und ab. Sie war gleichzeitig dramatisch und zurückhaltend, und ich habe mich sofort in sie verliebt. Ich verbarg es nicht vor ihr, schon einen Monat nach unserer ersten Begegnung gestand ich ihr, dass ich in sie verliebt sei und häufiger an sie denke als an meine eigene Mutter, wobei ich ziemlich häufig an meine Mutter dachte. Mein unpassender Scherz gefiel ihr, da ihre Mutter eine schreckliche Frau war, und wir wurde beste Freunde. Wenn ich dienstlich irgendwohin verreiste, schrieb ich ihr lange Briefe und schicke ihr die Bücher, die sie sich wünschte. Lotte las sie, und dann besprachen wir sie in unseren Briefen, aber wir schrieben uns auch verschiedene Klatsch- und Tratschgeschichten. Wir waren nicht immer einer Meinung. Zum Beispiel war ihr Klopstock, den ich sehr mochte, zuwider. Sie deutete populäre Werke immer vor dem Hintergrund der politischen Lage. Ein Gedicht war ihrer Meinung nach nie nur ein Text, zu dem wir laut aufseufzen. Ich würde euch gerne das Problem, das sie mit diesem Dichter hatte, mit ihren Worten erklären können, aber das ist unmöglich. Es ist schwer, bessere Worte zu finden als die ihren. Sie war präzise in ihrer Sprache und in ihrem Begehren.

Sie fragte mich als Erste, ob wir heiraten sollten, und zwar während wir im Wald Steinpilze sammelten. Ich war sofort einverstanden. Dann sagte sie, ich möge, wenn wir genügend fette, saftige Pilze gefunden hätten, zu ihrem Vater gehen und von ihm verlangen, dass er diese mit seiner fettesten und saftigsten Tochter entgelte. Ich erstarrte. Ihr Vater verfügte nicht über einen ausgeprägten Sinn für Humor, aber Lotte sagte, dass alles gut ablaufen würde: Er weiß, so sagte sie, dass ich auch weiterhin auf seine Kinder aufpassen werde. Sie hatte Recht. Ihr Vater war einverstanden, aber er bat uns, mit der Hochzeit zu warten, da Lotte »zu jung« für die Ehe sei. Sie war damals zwanzig Jahre alt. Wie auch immer, um es kurz zu machen: Die Sache mit Werther wurde immer schlimmer. Lotte meinte, dass sie ihn irgendwie loswerden müsse. Er beunruhigte sie zu sehr. Ich stimmte zu, in der Tat war Werther aufdringlich geworden, aber ich bot mich nicht an, dies mit ihm zu erörtern. Ich wusste, dass Lotte plante, das Problem eigenständig zu lösen. Sie musste nicht sagen: Lass mich es selbst lösen. Ich hatte ihr geraten, das Ganze nicht zu sehr aufzuschieben, da Werther höchste Maße unverschämt geworden war.

Ich war manchmal eifersüchtig, da Werther »wir« zu sagen pflegte, wenn er von Charlotte und sich selbst sprach. Zum Beispiel prahlte er damit, dass er »schon wieder« mit Lotte Pilze sammeln müsse, »wir werden schon wieder Pilze sammeln müssen«, so hat er es ausgedrückt. Als ich mich über sein Benehmen beklagte, sagte mir Lotte, ich solle nicht eifersüchtig sein, da sie für ihn eine besondere Sorte Pilze sammeln wolle. Ich sagte ihr, dass sie ihn auf keinen Fall vergiften könne, doch sie antwortete: Vielleicht werde ich es tun müssen. Wie auch immer: In der Zwischenzeit tötete der Bauer, mit dem Werther ab und zu ins Wirtshaus ging, den Diener der Witwe, in die er verliebt war und die er zuvor zu vergewaltigen versucht hatte. Werther eilte sofort hinzu, um ihm beizustehen, da er sich in seiner Gewalt wiedererkannte. Er flehte den Verwalter an, den Mörder freizulassen. »Er tat es in einem Anfall von Leidenschaft!«, rief Werther. »Der Mann war schon seit Jahren in diese Witwe verliebt gewesen. Er hat den neuen Diener aus Eifersucht getötet. Sie müssen Mitleid mit ihm haben!« Lotte war sichtbar beunruhigt, als ich ihr davon berichtete. Er hat nicht die Witwe getötet, sagte ich, nur den Diener, aber Charlotte sagte, das sei unwichtig. Er habe einen Menschen getötet. Er habe Werther auf diesen Gedanken gebracht.

Ich wusste, dass Lotte Recht hatte, da Werther von einem bestimmten Zeitpunkt an begann, den Mörder im Plural zu verteidigen: »Wir Männer sind leidenschaftliche Wesen.« Angesichts seiner Worte schüttelte es mich. Ich erkannte mich nicht darin wieder. Wenn sie sehr beunruhigt war, ging Charlotte in die Küche, stellte einen Berg Lebensmittel vor sich auf und aß so lange, bis sie sich beruhigt hatte. Ihre

Mutter beschimpfte sie aus diesem Grund häufig auf eine beleidigende Art und Weise. Ihr Vater tadelte sie deswegen, aber mich störte es nicht. Es gab keinen Grund für mich, ihr zu erklären, wie sie sich zu fühlen habe. In solchen Situationen gesellte ich mich schweigend an den Tisch und aß mit ihr. Auch jetzt tat ich es. Sie sagte zu mir, während wir aßen, dass Werther – sollte sie ihn nicht töten – mich töten würde. Ich antwortete, dass ich das wisse, weil er den Mörder mit so viel Leidenschaft verteidigt habe, dass er mir sogar ein wenig leidgetan hat. Lotte sagte, ich solle in keinem Fall Mitleid mit ihm haben. Sie kaute sehr langsam. Sie sagte: Wenn er wenigstens auf meinen Vater schießen wollen würde, so wie es Henrik getan hat! Lotte verteidigte alle Grobiane, nicht nur Werther. In einem Brief schrieb sie mir, dass sie in einer Umgebung lebe, die unsichtbare weibliche Grobheit schätze und offene männliche Gewalt. Männer schossen aus Pistolen. Frauen vergifteten in aller Stille mit Pilzen. Lotte wollte sich nicht in diese Ordnung fügen. Sie kannte sich sowohl mit Mütterlichkeit aus als auch mit Schießpulver. Ihr Leben – so schrieb sie mir – beginne und ende nicht mit dem Beackern des Gemüsegartens und dem Gebären von Kindern. Wie auch immer: Wir aßen weiter, und Lotte verlor sich in ihren Gedanken. Ich fragte sie, was sie zu tun beabsichtige. Sie starrte auf ein Stück Schinken. Ich scherzte und fragte, ob sie plane, Werther zu töten und dann zu verspeisen. Lotte sagte Pfui und schob das Stückchen Schinken von sich weg. Sie stand auf und ging fort.

Als Lotte in der Nacht nach Hause zurückkehrte, war sie blutüberströmt. Ich half ihr sich auszuziehen. Ich wärmte Wasser auf und duschte sie. Ich trocknete ihr das Haar, und die verdreckte Kleidung verbrannte ich im Kamin. Da ich wusste, dass Lotte etwas vorgehabt hatte, waren alle Diener auf meine Anweisung einige Stunden zuvor in die Stadt gegangen, ausgestattet mit Aufgaben, die sie mindestens für zwei Tage dort beschäftigen würden. Niemand war in der Küche. Ich fragte sie nicht, was sie getan hatte. Ich umarmte sie und versicherte ihr, dass alles gut werden würde.« »Natürlich wird alles gut«, antwortete Lotte. Sie klapperte mit den Zähnen, und ich half ihr beim Anziehen. Sie konnte gut einschlafen, ganz ohne Probleme. Ich ging aus dem Haus, um das Pferd zu striegeln und die Blutspuren von seinem Hals und seinem Rücken zu beseitigen. Kurz vor der Morgendämmerung fand ich Lotte am Schreibtisch sitzen. Sie legte mir einen Brief in die Hand und sagte, dass sie darin alles detailliert beschrieben und erklärt habe. Ich nickte. Als sie das Zimmer verlassen hatte, setzte ich mich auf ihren Platz neben dem Kamin und begann zu lesen. Draußen schneite es heftig. Ich fragte mich, ob sie irgendwelche Spuren im Schnee hinterlassen hatte.

Lieber Albert,
ich habe es dir nicht früher erzählt, um dich nicht zu beunruhigen, aber vor einigen Tagen hat sich Werther auf mich gestürzt, während ich am Klavier saß, und zwar, nachdem er zunächst wegen eines dümmlichen Liedes geheult hatte. Ich schob ihn von mir fort und schaffte es im letzten Moment, ins benachbarte Zimmer zu fliehen. Ich verschloss sofort die Tür, da er sich dagegen warf. Werther wiederholte immer wieder, dass er mich liebe, dass er nicht fortgehen könne, bevor er mich nicht noch einmal sehen und meine Stimme hören würde.
»Du willst mich vergewaltigen!«
Er beteuerte, das sei nicht wahr.
»Ich will dich nur sehen. Sprich mit mir!«
Ich wischte seine Küsse mit meinem Ärmel fort. Es war mir übel, und ich erbrach mich über das Parkett.
»In Ordnung«, sagte ich, als ich endlich zu Atem kam, »ich kann dich jetzt nicht sehen, da mich allzu große Leidenschaft erschüttert. Albert könnte uns dabei erwischen, wie wir uns umarmen.«
»Sag mir, meine Liebste, sag mir«, wiederholte Werther, »wann werden wir uns sehen, wann werde ich dich wieder küssen können.«

»Bald«, sagte ich, »komm nicht mehr hierher, damit Albert keinen Verdacht schöpft. Ich werde dir einen Diener mit einem Zettel schicken, und dann werden wir uns im Wald treffen.«

»Oh, meine Liebe«, stöhnte Werther, »ich bin dein einziger Diener!«

Ich konnte nichts mehr sagen, da mich schon wieder die Übelkeit überkam. Glücklicherweise kam jemand von der Dienerschaft ins Zimmer, und ich hörte den Grobian davoneilen.

»Sie können herauskommen«, sagte eine weibliche Stimme, »er ist fort.«

Sie wischte das Parkett, und ich war sicher, dass sie wusste, was geschehen war. Alle Frauen im Dorf kannten Werther bestens und auch seine edlen städtischen Triebe. Wir wechselten nicht ein einziges Wort. Wir verstanden uns stillschweigend.

Danach geschah der Mord. Ich musste meinen Plan dringend ändern. Nachdem du und ich in der Küche zu Mittag gegessen hatten, ging ich hinaus, um Werther die Nachricht zu schreiben: »Mein Liebster, ich weiß, dass du wegen deines Freundes leidest. Erlaube mir, dass ich heute Nacht dein unendliches Leiden mit zärtlichen Küssen stille und dein bebendes Herz beruhige!«

Werther antwortete mir sofort: »Meine Liebste, meine Einzige, du Leiden meines Herzens, komme, um mich zu trösten! Dein Diener braucht dich und liebt dich unendlich.«

Seitdem wir uns kennen, habe ich ihm keine einzige Zärtlichkeit gezeigt, und dennoch klammerte er sich an meine Versprechen, als hätte ich ihn mein ganzes Leben lang leidenschaftlich geliebt. Ich nahm sofort die Waffe an mich, aber nicht die von der Wand, sondern jene Pistole, die du im *Kodex Hammurabi* versteckt hältst. Ich ging zunächst ein wenig spazieren, um meinen Kopf durchzulüften. Mein Plan war einfach: Ich musste Werther mit einer kleinen Giftdosis benebeln und dann mit der Pistole in seinen leeren Kopf schießen. Ich war nervös.

Es ist viel Zeit seit dem Tod meiner Mutter vergangen, aber die Erinnerung an sie ist weiterhin lebendig. Auch Werthers Gestalt wird mich verfolgen, so wie mich ihre Gestalt verfolgt. Ich verlor beinahe den Mut, als ich Henriks Mutter traf. Ich wollte ihr entweichen, aber sie griff nach meinem Arm und überschüttete mich mit einem Kübel Beleidigungen. Glücklicherweise war ihr Sohn nicht in Sichtweite. Es war kalt, sie hatte ihn bestimmt im warmen Bett untergebracht, damit er dort angenehm träumen konnte. Ihre Schimpftirade versetzte mich zurück in jene Zeit, als es noch nicht Werther war, sondern ihr Sohn, der es auf mich abgesehen hatte. Ich riss mich von ihr los und rannte fort.

»Du Hexe«, rief sie hinter mir her.

Du weißt, wie sehr ich dieses Wort hasse. Ich hasse es genauso leidenschaftlich wie Werther die Frauen hasst. Als ich nach Hause zurückkam, habe ich mich nicht bemerkbar gemacht. Ich habe sofort das Pferd bestiegen und bin zu Werther geritten. Er empfing mich in seinem Morgenmantel. Er hielt das rote Band in der Hand, das ich ihm zum Geburtstag geschenkt hatte. Er hatte es sich um einen Finger gewickelt.

»Das Band gehörte meiner seligen Mutter«, sagte ich.

Er hörte mir nicht zu. Er hörte nicht auf zu lächeln. Er war so überzeugt von sich selbst, dass mir davon schlecht wurde, aber ich musste die Geduld bewahren.

»Hast du Wein?«, fragte ich.

»Natürlich«, sagte Werther.

Er brachte zwei Gläser. Ich bemerkte, dass von einem ein winziges Stück abgesplittert war. Während er mir den Rücken zuwandte, füllte ich Gift in dieses Glas.

»Wohin ist dein Diener verschwunden?«, fragte ich.

Es war still im Haus.

»Er ist irgendwo hier«, log er.

Ich erinnerte mich sofort an Werthers gierige Hände und sein Süßholzraspeln, durch das er mich seit Monaten auf diesen Moment vorbereitet hatte. Ich wusste sofort, dass er es nicht aufgeben würde, auch wenn ich meine Meinung ändern sollte.

»Wie wird Albert bloß reagieren, wenn er von uns erfährt?«

Er erwartete keine Antwort. Er unterhielt sich mit sich selbst. Eigentlich unterhielt er sich mit dir. Ich bin sicher, er wünschte sich, dass du uns beobachtest.

Ich nahm langsam das Band aus Werthers Hand und wickelte es um das Weinglas.

»Stell dir vor, ich sei dieses Glas.«

Ich reichte es ihm. Ich erwartete, dass er es in einem Zug leeren würde, aber Werther war genauso niederträchtig wie ich. Er zögerte.

»Der erste Schluck soll deiner sein, und dann werde ich von der Stelle trinken, die deine Lippen berührt haben.«

Ich hatte keine Wahl, ich trank einen kleinen Schluck. Ich gab ihm das Glas zurück: »Und jetzt du«, sagte ich.

Mein Ton war brüsk, aber ich hatte mich schnell wieder im Griff: »Liebster Werther, mein Schatz, nimm den Wein, so wie du mich nehmen wirst.« Aus mir sprudelte so viel Unsinn, dass mich sogar die deutschen Dichter darum beneidet hätten.

»Das hat Zeit«, sagte Werther.

Ich will ehrlich sein. Ich hatte Angst. Ich erwartete, dass er sich jeden Moment auf mich stürzen würde, aber er hatte es nicht eilig.

»Erinnerst du dich an den Tag, an dem wir uns kennengelernt haben?«

»Natürlich erinnere ich mich daran«, sagte ich. »Ich werde es nie vergessen. Wir unterhielten uns lange über Literatur.«

»Ja«, sagte Werther, »du hast lauthals Klopstock gepriesen.«

»Wenn er doch so wunderbar ist?«, sagte ich.

»Das ist interessant. Dein Vater hat neulich behauptet, dass du ihn überhaupt nicht magst. Er sagte, dass du ihn ganz im Gegenteil verachtest.«

Er klang kalt und misstrauisch.

»Mein Vater kennt mich überhaupt nicht.«

Ich zwinkerte einige Male sehr verführerisch, doch Werther schien durch mich hindurchzusehen.

»Ich habe mich auch mit Henrik unterhalten, er ist verrückt, aber sehr klug.«

»Oh, der arme, liebe Henrik, das Leben war sehr ungerecht zu ihm.«

»Das Leben oder du?«

Das Gift zeigte langsam Wirkung. »Darf ich mich setzen? Es macht mich immer traurig, wenn ihn jemand erwähnt.«

»Bitte«, sagte Werther.

»Ich würde nicht sagen, dass er meinetwegen verrückt geworden ist. Er stand auf ältere Frauen.«

»Deine Mutter?«, fragte er.

»Ich habe nicht gewusst, dass du so eng mit meinem Vater bist«, sagte ich.

»Ich kann viel trinken, dein Vater nicht unbedingt.«

Ich wollte das Thema wechseln.

»Meine Mutter war eine wunderbare Person. Alle haben sie geliebt.«

»Dein Vater sagt, dass du ihr ähnlich bist.«

»Schön wäre es«, log ich. »Sie war wirklich eine Schönheit.«

Werther hatte seinen Morgenmantel abgelegt und stellte sich vor mich. Er war vollständig nackt.

»Wenn sie nicht scheu war, dann wirst du es wohl auch nicht sein«, sagte er.

»Meine Mutter war sehr fromm, und sie hätte die männliche Nacktheit nicht toleriert«, log ich.

Ich lachte, obwohl mir nach Weinen zumute war.

»Meine schöne Lotte«, sagte Werther und nahm mein Gesicht in seine Hände.

Dann rutschte seine Hand auf meinen Hals, dann noch tiefer und noch tiefer. Ich befürchtete, dass er die Narben sehen würde. Auf meiner Schulter waren die blauen Flecken deutlich sichtbar, doch glücklicherweise hielt er an meinem Dekolleté inne. Genau wie Henrik ist auch Werther ein gewöhnlicher Grobian.

»Noch Wein?«, fragte er.

»Du weißt doch, ich trinke nie«, antwortete ich.

»Du trinkst nur nicht, wenn ich da bin.«

»Was alles hat dir mein Vater erzählt?«

»Er hat zugegeben, dass er Albert nicht mag.«

»Das weiß ich«, sagte ich.

»Ich mag ihn auch nicht.«

Das Schweigen wurde unerträglich. Ich versuchte aufzustehen, aber Werther hielt mich mit einer groben Bewegung im Sessel zurück.

»Bleib sitzen«, sagte er.

Er nahm das Band vom Glas und legte es mir um den Hals. Ich tastete mit der Hand nach der Pistole. Bevor es mir gelang sie herauszuziehen und in Werthers Glied zu schießen, das genau vor meiner Nase stand, warf sich Werther in den gegenüberliegenden Sessel und nahm endlich das angeschlagene Glas an seine Lippen. Er trank es in einem Zug aus.

»Liebst du Albert?«, fragte er mich.

Es gab keinen Grund mehr zu lügen. »Mehr als alles andere.«

Er starrte vor sich hin auf einen unsichtbaren Punkt. Der Wein betäubte ihn langsam.

»Als ich im Diplomatischen Dienst war, habe ich eine Doppelgängerin von dir getroffen und mit ihr all das getan, was ich mit dir hätte tun wollen. Aber es hat nicht geholfen.«

»Bist du deswegen zurückgekommen, um es endlich in die Tat umzusetzen?«

Werther schaffte es nicht mehr zu antworten. Sein Kopf kippte auf die Lehne.

Ich versuchte, ihn laut anzusprechen: »Werther! Werther!«
Er reagierte nicht. Ich stieß mit meinem Fuß gegen ihn. Er war erledigt. Ich zog ihm sorgfältig seinen Lieblingsanzug an. Ich imitierte seine Handschrift und schrieb mir selbst Werthers Abschiedsbrief. Als ich die Pistole an seine Schläfe legte, öffnete er kurz die Augen. Auf seinem Gesicht lag keine Spur des Schreckens. Es schlug Mitternacht, und ich drückte ab. Ich wartete nicht, um zu kontrollieren, ob er tot war. Wenn er nicht sofort starb, rechnete ich damit, dass er bestimmt bis zur Morgendämmerung verschieden sein würde. Die Pistole schob ich in seine rechte Hand. Ich stürzte aus dem Haus, bestieg das Pferd und floh. Das Verbrechen war verhindert worden. In welchem Zustand ich mich befand, als ich nach Hause kam, das weißt du selbst. Wenn die Boten heute eintreffen, um uns über seinen Tod zu informieren, werde ich in Ohnmacht fallen. Das habe ich mir fest vorgenommen. Ich habe nicht ausgiebig genug geweint, als meine Mutter starb. Das war ein Fehler. Für Werther werde ich zweifach, dreifach schluchzen. Ihr Leben hängt an einem dünnen Faden, so werden die Menschen sagen, und du weißt ja ganz genau, wie schnell sich Gerüchte verbreiten. Alle sollen denken, dass ich gemeinsam mit ihm gestorben bin.

VERBRECHER VERLAG

Asja Bakić
MARS
Erzählungen

Aus dem Kroatischen
von Alida Bremer

160 Seiten
Hardcover
20 €

ISBN 978-3-95732-474-0

In »Mars« zeigt Asja Bakić eine Reihe einzigartiger Universen, in deren Mittelpunkt Frauen stehen, die vor die Aufgabe gestellt sind, der seltsamen Realität, die sie erleben, einen Sinn zu geben. Eine Frau wird von Tristessa und Zubrovka aus einer Art Vorhölle befreit, sobald sie eine Aufgabe erfüllt. Eine Meisterin der Täuschung wird mit jemandem konfrontiert, der ihr Geheimnis kennt. Eine Schriftstellerin soll einen Bestseller unter Pseudonym geschrieben haben, woran sie sich jedoch nicht erinnern kann. Abby scheint ihr Gedächtnis verloren zu haben, und doch weiß sie, dass mit ihrem misstrauischen Ehemann etwas nicht stimmt. Eine weitere muss auf dem Mars über ihr Verbrechen reflektieren, Autorin zu sein.

Nicht nur das inhaltliche Konzept der Erzählungen ist beeindruckend, sondern auch die Methode: Gekonnt verwebt sie in das klassische Erzählmuster Elemente aus der Genre-Literatur – Horror, Science-Fiction und Fantasy. Entstanden sind so spannende, oft humorvolle Geschichten, die emanzipierend sind, ohne in politische Agitation zu verfallen. Publishers Weekly kürte die amerikanische Ausgabe von »Mars« 2019 zu einem der 25 besten Büchern des Jahres in den USA der Kategorie Belletristik.

Auf jeder Seite merkt man, wie sehr Bakić es liebt, die Lesenden in die Irre zu führen. ›Mars‹ ist ein feiner, kleiner, fieser Band voller böser Kurzgeschichten, die einmal das Gehirn durchspülen.
Ava Weis / Missy Magazine

Verbrecher Verlag | Gneisenaustraße 2a | 10961 Berlin | info@verbrecherei.de
www.verbrecherei.de

VERBRECHER VERLAG

Simoné Goldschmidt-Lechner
NERD GIRL MAGIC

Hardcover
Ca. 216 Seiten
20 €

ISBN 978-3-95732-611-9

Ausgehend von persönlichen Erfahrungen seit der Kindheit widmet sich Simoné Goldschmidt-Lechner in »Nerd Girl Magic« der Nerd und Geek Culture aus nicht-weißer, nicht-männlicher Perspektive. Diskutiert wird das nerdy Coming-of-Age als Potential für gesellschaftlichen Widerstand und Wandel anhand verschiedener Beispiele. Diese reichen vom Magical Girl-Genre und seiner (scheinbar) inhärenten Queerness über Gaming Culture, Videospiele und den Kampf gegen den Ausschluss von Personen, die nicht weiß, männlich und cis sind, um Pen & Paper und alternative Realitäten, Fantasy und Sci-Fi bis hin zu Pro-Wrestling und der »großen Welle« aus Korea in den letzten Jahren mit K-Pop und K-Drama. Es geht um einen Zugang zu Nerd Culture für diejenigen, die Nerdiness nach wie vor abwerten, aber auch darum, dass Fandom schon immer von antiautoritären, widerständigen, female and non-white Strömungen durchzogen ist, dass Nerd Culture ein utopischer Rückzugsort sein kann für FLINTA, queere Menschen, BIPoC, neurodivergente Menschen und Arbeiter*innen. Dies alles wird eingebettet in eine detaillierte, intersektionale, erkenntnisreiche wie amüsante Analyse von Filmen, Serien, Spielen, Comics, Anime, Manga und Genreliteratur wie Sailor Moon, Buffy, Star Trek und auch Dark Academia. Es ist an der Zeit, das Bild des Nerds neu zu denken!

Verbrecher Verlag | Gneisenaustraße 2a | 10961 Berlin | info@verbrecherei.de
www.verbrecherei.de

VERBRECHER VERLAG

Philipp Böhm
SUPERMILCH
Erzählungen

176 Seiten
Hardcover
20 €

ISBN: 978-3-95732-514-3

In einem Start-up-Büro verliert ein Werbetexter den Verstand. Unter der Stadt verstopfen Fettberge die Kanalisation, während sich in einer Sozialbausiedlung ein unerwünschter Mitbewohner in eine Kröte verwandelt. Der berühmteste Elvis-Imitator des World Wide Webs nimmt sein letztes YouTube-Video auf und jeden Monat gehen elternlose Jugendliche mit Fahrrädern und Kanthölzern auf Menschenjagd. Ein smartes Unternehmen verspricht den Dialog mit den Toten. Und immer wieder taucht eine bedrohliche, stetig wachsende Untergrundbewegung auf, die die Sozialen Medien mit einer einzigen Frage flutet: »Do you like scary movies?«

Die Geschichten in »Supermilch« erzählen von einer unruhigen, nervösen Zeit: von der Transformation der Arbeitswelt, von digitalem Alltag und der Zerstörung der Natur. Die Menschen sind überfordert von ihrer Lohnarbeit, die doch angeblich mehr sein soll als nur Arbeit. Sie sind ermüdet von der beständigen Suche nach der besten Version ihrer selbst und können doch nicht davon lassen. Sie haben Angst, aber können nicht sagen wovor. Einen normalen Tag herumzubringen, scheint in dieser Welt das Einfachste und Schwerste zugleich zu sein. Also stürzen sich ihre Bewohner in Privatobsessionen, suchen ihr Glück im Ausstieg, steigern sich in obskure Internet-Phänomene hinein oder wählen sinnlose Gewalt als letztes Mittel. »Supermilch« wirft einen Blick in die Zukunft – und die ist bedrohlich, flimmernd und weird.

Verbrecher Verlag | Gneisenaustraße 2a | 10961 Berlin | info@verbrecherei.de
www.verbrecherei.de